Königs Erläuterungen und Materialien
Band 86

Erläuterungen zu

Hermann Hesse

Narziß und Goldmund

von Maria-Felicitas Herforth

Bange Verlag

Hinweis:

Die Rechtschreibung wurde der amtlichen Neuregelung angepasst. Zitate von Hesse müssen auf Grund eines Einspruches in der alten Rechtschreibung übernommen werden.

1. Auflage 2001
ISBN 3-8044-1735-3

Titelabbildung: Hermann Hesse
Druck und Weiterverarbeitung: Tiskárna Akcent, Vimperk

Vorwort

Hermann Hesses Lebenswerk stellt einen Höhepunkt der deutschen Literatur in der ersten Hälfte des 20. Jahrhunderts dar. Durch sein beständiges Appellieren an Völkerverständigung und seine Warnungen vor der Abstufung des Individuums bis hin zur Bedeutungslosigkeit hatte der Nobelpreisträger besondere Wirkung auf die jungen Generationen der gesellschaftspolitisch und wirtschaftlich konfliktgeladenen Phase Deutschlands zwischen den beiden Weltkriegen. Mit der Niederschrift von eigenen Erfahrungen versuchte Hermann Hesse seinen Lesern bei ihrer Identitätssuche in einer chaotischen Zeit zu helfen. „Pädagogisch, psychologisch, politisch, moralisch, religiös – in fünf Bereichen mindestens hat Hermann Hesse, der Bücher nur schrieb, um lebendig zu sein und Bücher nur rezensierte, wie man Kranken Medikamente empfiehlt, in den Auseinandersetzungen seines Lebens etwas Exemplarisches durchlitten und erstritten, das unwiderleglich und kostbar ist: das Recht und die Rechtfertigung, ein Individuum zu sein"[1], so beschreibt Eugen Drewermann den Dichter.

In der Erzählung *Narziß und Goldmund* stellt der Dichter die Dichotomie von Ideal und Wirklichkeit, Geist und Natur anhand zweier befreundeter Charaktere dar. Ein Appell an die Freundschaft und an die Erkenntnis ihres Nutzens durch die *Einheit in der Zweiheit*.

Der vorliegende Erläuterungsband soll die Lektüre dieses Werkes erleichtern. Es wird ein Gesamtüberblick über die wichtigsten Themen und Strukturprinzipien gegeben, der sowohl Ergänzung wie auch Anregung für eine unterrichtliche Be-

1 Drewermann, Eugen: *Das Individuelle gegen das Normierte verteidigen. Zwei Aufsätze zu Hermann Hesse.* Frankfurt am Main: Suhrkamp, 1995.

schäftigung mit dem Roman sein kann. Komplizierte Zusammenhänge werden verständlich zusammengefasst und mit grafischer Unterstützung veranschaulicht. Dem interessierten Leser bietet der Band außerdem anhand von Aufsatzthemen und Lösungshilfen eine praktische Möglichkeit, sein Verständnis des Werks zu prüfen und zu verinnerlichen. Textgrundlage für die folgende Analyse ist die Suhrkamp-Taschenbuch-Ausgabe des Romans (Nr. 274):
Hesse, Hermann: *Narziß und Goldmund*. Frankfurt am Main: Suhrkamp, 1975.
Um ein schnelles Verständnis des Textes zu fördern, werden die Seitenangaben von Textzitaten an der jeweiligen Stelle im Text eingeführt, die Quellenangaben der verwendeten Sekundärliteratur befinden sich in den entsprechenden Fußnoten.

1. Hermann Hesse: Leben und Werk

1.1 Biografie

Jahr	Ort	Ereignis	Alter
1877	Calw	Geburt am 2. Juli; zweites Kind des aus Estland stammenden Missionars und späteren Leiters des Calwer Verlagsvereines Johannes Hesse und seiner Frau Marie, geb. Gundert, der ältesten Tochter des namhaften Indologen und Missionars Hermann Gundert.	
1881–1886	Basel	Johannes Hesse unterrichtet bei der *Basler Mission* und erwirbt 1883 die Schweizer Staatsangehörigkeit (zuvor: russische Staatsangehörigkeit). Der junge Hermann Hesse ist ein willensstarkes, vielseitig interessiertes Kind – voll Fantasie, Energie und Temperament.	4–9
1886–1891	Calw und Göppingen	Schulbesuch des Reallyzeums und der Lateinschule.	9–14

Jahr	Ort	Ereignis	Alter
1891–1892	Maulbronn	Nach 7 Monaten Flucht aus dem Kloster-Seminar zur Verteidigung der früh erkannten Neigung zum Dichtertum gegen eine Theologielaufbahn.	14–15
1892–1894	Bad Boll; Stetten; Cannstatt	Selbstmordversuch während einer Kur im religiösen Heil- und Erweckungszentrum Bad Boll; Überweisung in die Nervenheilanstalt Stetten; Aufnahme in das Gymnasium von Cannstatt.	15–17
1894–1895	Calw	Praktikant in der Turmuhrenfabrik Perrot. Beginn des systematischen Literaturstudiums in der häuslichen Bibliothek. Überwindung der psychischen Krise.	17–18
1895–1898	Tübingen	Buchhändlerlehre in der Buchhandlung Heckenhauer mit anschließender Übernahme als Buchhandlungsgehilfe. Erste Buchpublikation *Romantische Lieder* 1898.	18–21
1899–1903	Basel	Buchhändler und Antiquar. Zwei Italienreisen.	22–26

Jahr	Ort	Ereignis	Alter
1904	Gaienhofen am Bodensee	*Peter Camenzind* erscheint im Verlag S. Fischer; Eheschließung mit Maria Bernoulli (2 Söhne); freier Schriftsteller und Mitarbeiter zahlreicher Zeitungen und Zeitschriften.	27
1906		*Unterm Rad* (Erzählung)	29
1907		*Diesseits* (Erzählungsband)	30
1907–1912		Mitherausgeber der politischen liberalen Zeitschrift *März*; 1910 *Gertrud*; 1911 Indienreise	30–35
1914–1919	Bern	*Roßhalde* (Roman); Tätigkeit in der *Deutschen Gefangenenfürsorge Bern*; Herausgeber der *Deutsche(n) Interniertenzeitung* und Gründer des *Verlages der Bücherzentrale für deutsche Kriegsgefangene*	37–42
1915		*Knulp. Drei Geschichten aus dem Leben Knulps*; *Am Weg*	38
1916		Tod des Vaters, beginnende Schizophrenie seiner Frau und Erkrankung des jüngsten Sohnes führen zu einem Nervenzusammenbruch Hesses.	39

Jahr	Ort	Ereignis	Alter
1916	Luzern	Erste psychotherapeutische Behandlung bei dem C. G. Jung-Schüler J. B. Lang.	39
1917		Erste Zeitungs- und Zeitschriftenpublikationen unter dem Pseudonym Emil Sinclair.	40
1919	Montagnola/ Tessin	*Demian. Die Geschichte einer Jugend* erscheint unter dem Pseudonym Emil Sinclair.	42
1922		Psychoanalyse bei C. G. Jung. *Siddhartha. Eine indische Dichtung*	45
1924	Basel	Hesse wird schweizerischer Staatsbürger. Heirat mit Ruth Wenger	47
1926		Aufnahme in die preußische Dichterakademie	49
1927	Zürich (während der Wintermonate 1925–1931)	*Die Nürnberger Reise*; *Der Steppenwolf* Scheidung der zweiten Ehe	50
1930		***Narziß und Goldmund***	53
1931	Montagnola/ T.	Eheschließung mit Ninon Dolbin, geb. Ausländer	54

Jahr	Ort	Ereignis	Alter
1932		*Die Morgenlandfahrt*	55
1932–1943		Entstehung des *Glasperlenspiels*	55–66
1936		*Stunden im Garten*; Gottfried-Keller-Preis	59
1939–1945		Hesses Werke gelten im Nazi-Deutschland als unerwünscht	62–68
1943	Zürich	*Das Glasperlenspiel. Versuch einer Lebensbeschreibung des Magister Ludi Josef Knecht samt Knechts hinterlassenen Schriften*	66
1946		*Krieg und Frieden* (Betrachtungen zu Krieg und Politik seit dem Jahr 1914); Goethe-Preis der Stadt Frankfurt am Main; **Nobelpreis**	69
1951		*Späte Prosa* und *Briefe*	74
1955		*Beschwörungen*, Späte Prosa/ Neue Folge Friedenspreis des Deutschen Buchhandels	78
1962	Montagnola	Tod Hesses am 9. August[2]	85

2 vgl. Michels, Volker (Hg.): *Hermann Hesse. Sein Leben in Bildern und Texten*. Frankfurt am Main: Suhrkamp, 1979, S. 354-358 und Weingarten, Ulrike: Chronik zu Hermann Hesses Leben und Werk. *Text und Kritik. Zeitschrift für Literatur*, 10/11, S. 116-122.

1.2 Zeitgeschichtlicher Hintergrund

Instabile wirtschaftliche und politische Verhältnisse

Die Schaffensperiode des Romans *Narziß und Goldmund* ist auf die Jahre 1927–1929 festzulegen, eine Zeitspanne, in der Deutschland von politischen und wirtschaftlichen Umbrüchen gekennzeichnet ist. Der Erste Weltkrieg (1914–1918) und die daran anschließenden gesellschaftlichen und politischen Umwälzungen prägen die Lebensumstände in Deutschland. Mit dem Inkrafttreten der *Oktoberverfassung* vom 28. Oktober 1918 vollzieht sich zunächst der Wandel des wilhelminischen Kaiserreichs in eine parlamentarische Demokratie. Die von den Entbehrungen des Krieges gezeichneten Teile der Bevölkerung sehen in Kaiser Wilhelm II. den Hauptschuldigen ihrer Not. Als die deutsche Niederlage des Krieges feststeht, gehen die Sozialdemokraten und andere linksorientierte Gruppierungen auf klaren Konfrontationskurs zur Monarchie; Streiks und Massendemonstrationen sind die Folge. Der Kieler Matrosenaufstand vom 2. Oktober 1918 ist der erste Höhepunkt dieses Gegenstromes. Die Unruhen eskalieren in der Novemberrevolution vom 9. November 1918; der Kaiser dankt ab und geht ins Exil, die Republik wird ausgerufen und am 19. Januar 1919 durch das Votum der verfassunggebenden Nationalversammlung in Weimar als solche bestätigt. Die politische Landschaft ist von vielen Einzelparteien gekennzeichnet, was die politische Zerrissenheit innerhalb der Gesellschaft widerspiegelt. In der Folgezeit kommt diese durch viele Aufstände rechts- und linksgerichteter Republikfeinde zum Ausdruck. Weitere Verschlimmerung der sozialen Lage der Bevölkerung und wiederholte Radikalisierung vor allem rechter Kräfte tritt mit dem Inkrafttreten des Versailler Vertrags vom 10. Januar 1920 ein. Durch die auferlegten Re-

parationsleistungen erhöht sich die wirtschaftliche Not innerhalb der Bevölkerung. Als Folge von nicht geleisteten Reparationsleistungen kommt es am 11. Januar 1923 zur Besetzung des Ruhrgebiets durch französische und belgische Truppen. Die Ruhrbesetzung bewirkt ein sprunghaftes Erhöhen der Inflationsrate. Radikale Parteien, wie beispielsweise die NSDAP, profitieren von der krisenhaften Entwicklung, was sich am 9. November 1923 im so genannten Hitlerputsch manifestiert. Die Zerrissenheit der Gesellschaft wird in der Folgezeit durch häufige Regierungswechsel deutlich und führt schließlich zur Machtergreifung Hitlers (1933) und zur Diktatur der NSDAP, die im Zweiten Weltkrieg (1939–1945) mündet.
Zusammenfassend kann man sagen, dass die Zeit der Weimarer Republik von Strömungen und Gegenströmungen – wie Wilhelminismus und Westliche Demokratie oder Nationalismus und Sozialismus – gekennzeichnet ist.

1.3 Angaben und Erläuterungen zu wesentlichen Werken

Bei der Lektüre von Hermann Hesses Werken lassen sich, neben den alle kennzeichnenden autobiografischen Zügen, viele Ähnlichkeiten hinsichtlich Thematik, Komposition und Motivik feststellen. Typische Themen sind die Entwicklung und Erziehung eines Jugendlichen und das Suchen nach Einheit und Vollkommenheit vor dem Hintergrund einer wirtschaftlich, politisch und moralisch „zerrissenen" Gesellschaft, die zwischen den zwei Weltkriegen vor ständigen Umbrüchen steht. „Für mich", so schreibt Hesse in einem Brief, „ist der *Knulp* und der *Demian,* der *Siddhartha*, der *Klingsor* und der *Steppenwolf* oder *Goldmund* jeder ein Bruder des anderen, jeder eine Variation meines Themas."[3]
Die auffälligsten Verbindungen zu *Narziß und Goldmund* sind in der folgenden Übersicht dargestellt.

3 Unseld, Siegfried (Hg.): *Hermann Hesse. Eine Werkgeschichte.* Frankfurt am Main: Suhrkamp, 1973, S. 132.

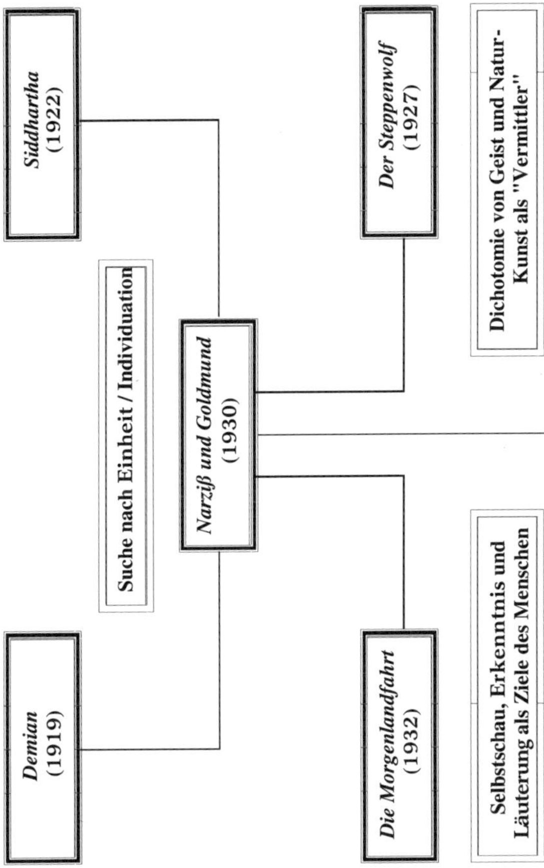
Siddhartha (1922)
Der Steppenwolf (1927)
Dichotomie von Geist und Natur-Kunst als "Vermittler"
Suche nach Einheit / Individuation
Narziß und Goldmund (1930)
Das Glasperlenspiel (1943)
Demian (1919)
Die Morgenlandfahrt (1932)
Selbstschau, Erkenntnis und Läuterung als Ziele des Menschen

2. Textanalyse und -interpretation

2.1 Entstehung und Quellen

Entstehungszeit von 1927–1929

An der ersten Niederschrift seiner Erzählung *Narziß und Goldmund* arbeitete Hermann Hesse von April 1927 bis Januar 1929. Einzelne Textpassagen wurden im Verenahof in Baden, in Zürich, in St. Moritz verfasst, der Hauptteil des Romans entstand in Montagnola. Von Ende Januar 1929 bis Ende März 1929 entstanden die zweite Fassung und die Reinschrift der Erzählung, für deren Titel Hesse zunächst drei Varianten vor Augen hatte: *Narziß oder der Weg zur Mutter*, *Das Lob der Sünde* und schließlich *Narziß und Goldmund* mit dem Untertitel *Geschichte einer Freundschaft*, der für den Vorabdruck in der Zeitschrift *Die Neue Rundschau* 1929/30 verwendet wurde. In der Erstausgabe, publiziert vom S. Fischer Verlag, entfiel der Untertitel.

In seiner Erzählung *Narziß und Goldmund* griff der Autor erneut Themen auf, die er bereits in seinen frühen Werken gestaltete, so zum Beispiel die **Individualitätsproblematik**, die **Polarität/Dialektik der menschlichen Grundtriebe** oder das **Künstlerdasein**.

In einem Brief an Mia Engel aus dem Jahre 1933 schildert Hesse seine Motivation für die Ansiedlung der Erzählung in einem fiktiven Mittelalter und einem ihm durch seine eigene Schulzeit im Kloster Maulbronn bekannten Ambiente, weshalb seine Leserschaft ihm eine „Flucht in die Vergangenheit" vorgeworfen habe:

Hesses „Idee von Deutschland" als Intention

„Ich (...) habe in diesem Buch der Idee von Deutschland und deutschem Wesen,

die ich seit der Kindheit in mir hatte, einmal Ausdruck gegeben und ihr meine Liebe gestanden – gerade weil ich alles, was heute spezifisch ‚deutsch' ist, so sehr hasse."[4]

Obwohl der Roman bereits im ersten Jahr in mehreren Auflagen mit insgesamt 40 000 Exemplaren erschien und auch in Literatenkreisen höchste Anerkennung fand[5], erntete *Narziß und Goldmund* unter dem Einfluss nationalsozialistischer Herrschaft „Vorwürfe und Entrüstungsausbrüche", wie der Autor folgendermaßen berichtet:

Vorwürfe und Entrüstungsausbrüche sind Reaktionen unter NS-Herrschaft

„Es erschien nicht lang vor der letzten Krieger- und Heldenepoche Deutschlands und war im hohen Grade unheldisch, unkriegerisch, weichlich und, wie man mir sagte, zur zuchtlosen Lebenslust verführend, es war erotisch und schamlos, deutsche und schweizerische Studenten waren dafür, daß es verbrannt und verboten werden müsse, und Heldenmütter teilten mir, unter Anrufung des Führers und der großen Zeit, ihre Entrüstung in oft mehr als unartigen Formen mit."[6]

Nach der letzten Auflage durfte der Roman unter nationalsozialistischer Herrschaft im Jahre 1941 nicht neu gedruckt werden, da darin die Erzählung eines Pogroms vorkomme, so Hesse in einem Brief, und da er es ablehne, diese Erzählung bei einem Neudruck wegzulassen[7].

Druckverbot im Jahre 1941

4 Ebd., S. 136.

5 Thomas Mann schreibt zum Beispiel im Jahre 1930: *„Von den Darbietungen der älteren Generation hat mich Hermann Hesses Roman ‚Narziß und Goldmund' am meisten beglückt, ein wunderschönes Buch in seiner poetischen Klugheit, seiner Mischung aus deutsch-romantischen und modern-psychologischen, ja psychoanalytischen Elementen."* (Ebd., S. 139)

6 Ebd., S. 135 (Auszug aus *Engadiner Erlebnisse*).

7 Ebd., S. 136.

Bis zum Jahre 1973 blieb *Narziß und Goldmund* schließlich mit einer Gesamtauflage von 735 000 Exemplaren Hesses meistgekauftes Buch im deutschen Sprachraum[8].
Narziß und Goldmund trägt den Untertitel ***Erzählung***, weist jedoch als umfassendes Werk in Prosa viele verschiedene Züge anderer Erzählformen auf, etwa des **Entwicklungsromans**, der Novelle oder der Legende. Im Allgemeinen wird die Erzählung als Roman behandelt.

2.2 Inhaltsangabe

Erstes Kapitel

Narziß ist Lehrgehilfe, als Goldmund in die Klosterschule eintritt

Der Novize Narziß ist in der Klosterschule Mariabronn seiner besonderen Gaben wegen bereits Lehrgehilfe, als der Jüngling Goldmund von seinem Vater, einem kaiserlichen Beamten, zum Studium in die Klosterschule gebracht wird. Goldmund, der ohne Mutter und ohne Geschwister aufgewachsen ist, weiß sich nach seiner ersten Begegnung mit dem unterrichtenden Jüngling Narziß am richtigen Ort. Nachdem er sich in einer anfänglichen Rempelei mit einem Mitschüler erfolgreich durchgesetzt und neue Kameraden gewonnen hat, fühlt er sich dem klösterlichen Kreise zugehörig. Das Rösslein Bless, das sein Vater bei der Aufnahme Goldmunds in die Klosterschule dem Kloster zum Geschenk gemacht hat, ist Goldmunds Trost in Stunden des Heimwehs.

8 Hsia, Adrian (Hg.): *Hermann Hesse im Spiegel der zeitgenössischen Kritik*. Bern: A. Francke AG Verlag, 1975, S. 4.

Stichwörter/wichtige Textstellen:
Für die Handlung entscheidender Charakterzug Narzißens: „Es ist die Eigenschaft, (...) daß ich ein Gefühl für die Art und Bestimmung der Menschen habe, nicht nur für meine eigene, auch für die der andern." (S. 11)

!

Zweites Kapitel

Zwei Vorbilder Goldmunds: Abt Daniel und Narziß

Im Kloster empfindet Goldmund besondere Zuneigung zu dem Abt Daniel und zu dem Lehrgehilfen Narziß, deren Tugenden er sich zum Vorbild nimmt: des Abtes Frömmigkeit und Narzißens alles durchblickenden Scharfsinn. Während Goldmund ausschließlich danach strebt, ein guter Schüler zu sein, ins Noviziat aufgenommen und ein frommer Mönch zu werden, erkennt Narziß in Goldmund bald seinen „Gegenpol" und seine „Ergänzung".

Narziß erkennt in Goldmund seinen „Gegenpol"

Nach über einem Jahr wird Goldmund von seinem Mitschüler Adolf durch Mahnung an das Primat der „Schülerehre" zu einem heimlichen, weil verbotenen Ausflug „ins Dorf" verleitet. Während der nächtlichen Zusammenkunft in der Küche zweier Mädchen bemüht sich der das Asketentum anstrebende Goldmund dem jugendlichen Treiben gegenüber gleichgültig zu sein, doch der scheue, kindliche Abschiedskuss des jungen Mädchens wird ihm zum bedrückenden Erlebnis.
Anderntags bemerkt Narziß die innere Not des Knaben und bringt ihn ins Krankenzimmer. Nachdem Goldmund die klosterüblichen beneficia zu sich genommen hat, erholt er sich, doch ein neuer Schreck kommt hinzu: Statt die Freundschaft Narzißens mit „geistigem Heldentum" zu gewinnen, ist er schwach und jämmerlich vor diesem zusammengebrochen.

Stichwörter/wichtige Textstellen:
Einführung des Leitthemas der Polarität: „(Narziß), der in seiner Vornehmheit Vereinsamte, hatte alsbald in Goldmund den Verwandten gewittert, obwohl er in allem sein Gegenspiel zu sein schien." (S. 20)

Drittes Kapitel

Der Beginn der Freundschaft zwischen Narziß und Goldmund gefällt nur wenigen, es scheint, als haben die beiden sich hochmütig als Aristokraten von den Mitschülern abgesondert. Doch auch zwischen den Freunden selbst stehen Hindernisse, denn liegt es zum einen Goldmund fern, sich seinen Freund als „Widerspiel" und „Gegenpol" zu denken, so kann Narziß wiederum sein Ziel nicht erreichen, nämlich das zu erkennen, was im Innersten Goldmunds liegt. Erst nach Monaten erfährt Narziß in einem tiefgründigen Gespräch von Goldmunds nächtlichem Ausflug ins Dorf. Endlich öffnet sich Goldmund dem Lehrer und Freund. Jetzt weiß Narziß, dass Goldmund im „Weib", im Geschlecht, den Inbegriff all dessen fühlt, was er „Welt" und „Sünde" nennt. Er erinnert ihn daran, dass Goldmund als Noch-Schüler kein Gelübde verletzt, wenn er der Versuchung erliegt.

Goldmund fühlt im „Weib" den Inbegriff für Sünde

Dem Abt Daniel kommt manches an Gerüchten und Anklagen über die Freundschaft der beiden zu Ohren. Da er jedoch Narzißens außergewöhnliche Gaben schätzt und in den Freunden zwei „Ausnahmemenschen" sieht, hält er sein aufkeimendes Misstrauen zurück.
Während Narziß über Goldmunds Vater nachsinnt, versucht Goldmund, die zwischen ihm und seinen Mitschülern eingetretene Entfremdung zu unterbrechen. Eine erneute Aufforde-

rung, mit ins Dorf zu gehen, weist er jedoch erschrocken zurück.

Stichwörter/wichtige Textstellen:
Leitthematik der Erkenntnis: „Ein Sehender und ein Blinder, so gingen sie nebeneinander; daß der Blinde von seiner eigenen Blindheit nichts wußte, war nur für diesen selbst eine Erleichterung." (S. 33)
Vorausdeutung durch Narziß: „Ich sage dir heut ein Wort, an das wirst du einmal denken. Ich sage dir: unsere Freundschaft hat überhaupt kein anderes Ziel und keinen anderen Sinn, als dir zu zeigen, wie vollkommen ungleich du mir bist!" (S. 36)

Viertes Kapitel

Goldmunds Neurose

Narziß hat erkannt, dass sein Freund einen wichtigen Teil seiner Vergangenheit unter dem Druck irgendeiner Not vergessen hat. Es gelingt ihm, während eines Gespräches in der Bibliothek, das sie „mitten in den Kern" und „Sinn" ihrer Freundschaft stellt, ein Bild von den Unterschieden ihrer Natur zu entwickeln, das Goldmund besser annehmen kann. Als der „Seelenleser" Narziß im Rausche seines Vortrages Goldmund erklärt, er habe seine Kindheit vergessen, nennt er den Dämon, von dem sein Freund besessen ist, beim Namen. Durch diese Worte Narzißens erlebt Goldmund eine gewaltige seelische Erschütterung. Der mittlerweile achtzehnjährige Jüngling flieht in entlegene Bezirke des Klosters, im Kreuzgang bricht er zusammen. Abt Daniel findet den Bewusstlosen und lässt ihn zu Pater Anselm, dem Heilkünstler, bringen, bevor er Narziß über diesen Vorfall und das Gespräch zur Rede stellt. Narziß teilt dem Abt seine Erkenntnis über Goldmunds Seelenleben mit: Die „Quelle" dessen Krankheit sei seine Mutter und alles, was mit ihr zusammenhänge. Trotz neuen Misstrauens gegenüber Narziß erteilt der Abt ihm keine Strafe, sondern lediglich Besuchsverbot. Als Goldmund wieder zu sich kommt, spürt er, dass in seinem Inneren etwas „aufgebrochen" ist und schließlich erkennt er das Bild: Er sieht seine Mutter.

Erkenntnis Goldmunds

Stichwörter/wichtige Textstellen:
Narziß nennt Goldmunds Neurose beim Namen und heilt ihn dadurch: „Du hast deine Kindheit vergessen, aus den Tiefen deiner Seele wirbt sie um dich. Sie wird dich so lange leiden machen, bis du sie erhörst." (S. 46)
Goldmunds Heilung und „Geburt"; Auslöser für die folgende Handlung: „Er sah, er war sehend geworden. Er sah Sie. Er sah die Große, Strahlende, mit dem voll blühenden Munde, mit den leuchtenden Haaren. Er sah seine Mutter." (S. 55)

Fünftes Kapitel

Erinnerung an die Mutter

Bisher hat Goldmund das Wissen über seine Mutter nur aus den Erzählungen anderer gekannt:

„Eine Tänzerin war sie gewesen, ein schönes wildes Weib von vornehmer, aber unguter und heidnischer Herkunft; Goldmunds Vater hatte sie, so erzählte er, aus Armut und Schande aufgelesen; er hatte sie, da er nicht wußte, ob sie Heidin sei, taufen und in der Religion unterweisen lassen; er hatte sie geheiratet und zu einer angesehenen Frau gemacht. Sie aber, nach einigen Jahren der Zahmheit und des geordneten Lebens, hatte sich ihrer alten Künste und Übungen wieder erinnert, hatte Ärgernis

erregt und Männer verführt, war Tage und Wochen von zu Hause weggeblieben, war in den Ruf einer Hexe gekommen und schließlich, nachdem ihr Mann sie mehrmals wieder eingeholt und zu sich genommen hatte, für immer verschwunden."

Erst durch die Hilfe seines Freundes Narziß hat Goldmund jenes vergessene, „ganz andere Bild" zurückgewonnen, seine eigene, „erlebte" Erinnerung an die geliebte und verehrte Mutter. Damit hat er zu sich selbst gefunden.

Goldmund löst sich von Narziß

Narziß, der vor kurzem sein Noviziat beendet hat und sich nun auf das Gelübde vorbereitet, sieht mit Freude den Freund sich von seiner Führerschaft befreien; zuweilen ist er auch traurig, da er weiß, dass seines Freundes Weg nach nun mehr als drei Jahren aus dem Kloster hinausführt. Während Narziß sich zu Askese und geistlichen Übungen zurückzieht, wird Goldmunds Begierde nach den Wissenschaften geringer. Mit der Erinnerung an die Mutter eröffnet sich Goldmund eine Traumwelt, in der er mehr lebt als in der wirklichen. Allmählich wird ihm klar, dass auf ihn eine unbekannte Welt wartet und er nur durch sein Vorbild Narziß Kloster und Mönchtum zum Ziel gehabt hat. Die Freunde beginnen sich voneinander zu trennen.

Stichwörter/wichtige Textstellen:

!

Erste explizite Äußerung des Leitmotivs mütterliche vs. väterliche Herkunft durch Narziß: „Du bist erwacht, und du hast jetzt auch den Unterschied zwischen dir und mir erkannt, den Unterschied zwischen mütterlichen und väterlichen Herkünften, zwischen Seele und Geist." (S. 64)
Vorausdeutung durch Narziß: „Und ich sage dir: mag aus dir und aus mir dies oder jenes werden, mag es uns so oder anders gehen, nie wirst du im Augenblick, wo du mich ernst-

lich rufst und zu brauchen meinst, mich dir verschlossen finden. Niemals." (S. 68)

Sechstes Kapitel

Eines Tages bekommt Goldmund von Pater Anselm den Auftrag, am Nachmittag ein Bündel Johanniskraut zu sammeln. Dankbar hierfür reitet er mit dem Pferde Bless zu den vom Pater angegebenen Stellen, sammelt und erfreut sich an der Vielfalt und Weite der Natur. In der Sonne schläft er ein; als er erwacht, liegt sein Kopf im Schoße einer Frau, die ihn mit einem Kuss begrüßt und zum Liebesspiel verlockt. Erst nach dem wortlosen Sinnenrausch erfährt Goldmund, dass die Verführerin Lise heißt. Goldmund sagt ihr ein Wiedersehen für die kommende Nacht zu, denn er beschließt das Kloster am selben Tage zu verlassen.

Goldmunds erstes Liebeserlebnis

Zurück im Kloster sucht Goldmund sofort Narziß auf, um von ihm Abschied zu nehmen. Obwohl Narziß seine geistigen Übungen in einer der Büßerzellen im inneren Kloster vollzieht, nimmt er sich Zeit für die Trennungsstunde. Narziß, der diesen Augenblick längst erwartet hat, lässt den Freund ziehen.

Goldmund verlässt das Kloster und Narziß

In der Nacht trifft dieser sich mit Lise und weder zurück- noch vorausblickend verbringt er mit ihr die Nacht in einem Heuhaufen.

Stichwörter/wichtige Textstellen:

Gegensätzlichkeit der Protagonisten: „Du schläfst an der Brust der Mutter, ich wache in der Wüste. Deine Träume sind von Mädchen, meine von Jünglingen." (S. 82)

Entwicklungsstand Goldmunds: „Jetzt war er sehend und war kein Kind und Schüler mehr." (S. 82)

Siebtes Kapitel

Goldmund beginnt seine Wanderschaft

Am anderen Morgen verlässt ihn Lise, da ihr Ehemann sie erwartet. Goldmund ist nicht überrascht, da Narziß ihm zuvor Ähnliches prophezeit hat. Goldmund fühlt zum ersten Mal die offene, weite Welt um sich herum und beginnt seine Wanderschaft. Zwei Tage lang zieht er durch den Wald, da er nicht herausfindet. Er beobachtet aufmerksam das Pflanzen- und Tierleben. Da er erkennt, dass ein Leben ohne menschliche Gemeinschaft unerträglich traurig sein muss, ist er froh, als er schließlich Zeichen der Menschen entdeckt. Er gelangt zu einem Bauernhaus, findet dort Aufnahme und Nahrung. Die Bäuerin, beeindruckt von seiner stattlichen Person, weist ihm ein entfernteres Nachtquartier zu; dort verbringen sie später gemeinsam eine Liebesstunde.

Stichwörter/wichtige Textstellen:
Wandererthematik: „Klein war er in dieser großen Welt, klein lief er wie ein Hase, wie ein Käfer durch ihre blaue und grüne Unendlichkeit." (S. 87)

!

Achtes Kapitel

Sinn der Wanderschaft

Goldmund wandert weiter von Ort zu Ort, überall von Frauen begehrt und beglückt, jedoch von keiner begleitet. In kurzer Zeit lernt er viele Liebesarten und Liebeskünste; er spürt, dass der Sinn

seiner Wanderschaft darin liegt, die Frauen und die Liebe bis zur Vollkommenheit kennenzulernen.
Nach ein oder zwei Jahren Wanderschaft kommt er an den Hof eines wohlhabenden Ritters mit zwei jungen, schönen Töchtern. Als Goldmund anderntags weiterziehen will, fordert ihn der Ritter auf zu bleiben und ihm bei der Abfassung eines Berichtes über seine Pilgerfahrt zu helfen. Goldmund nimmt das Angebot an, nicht zuletzt da Herbst und bald Winter ist.
Erst als Goldmund eines Abends bei Tisch mit der Frau eines Gutsnachbarn kleine Liebkosungen austauscht, bemerkt er bei den beiden prüden Ritterstöchtern Interesse an seiner Person. Am darauffolgenden Tag erklärt Goldmund der achtzehnjährigen Lydia seine Liebe, doch diese entlarvt ihn sofort als „Frauenverführer". Trotzdem kommen Goldmund und Lydia von nun an täglich heimlich zusammen, doch Goldmund muss sich mit „Küssen" zufrieden geben, denn Lydia will sich nur von ihrem Bräutigam verführen lassen. Eines Nachts stört die sechzehnjährige Julie die nächtliche Schmusestunde des verliebten Paares. Als Goldmund nun zwischen den zwei Schwestern liegt, kann er seine Lüsternheit gegenüber der jüngeren nicht zurückhalten; Lydia, von Eifersucht gepackt, verlässt sofort mit der Schwester Goldmunds Bett und berichtet ihrem Vater von den Geschehnissen.

Goldmunds Erlebnisse mit den Ritterstöchtern

Am nächsten Morgen führt der Ritter Goldmund fort und droht ihm mit dem Tode, sollte er je eine Rückkehr zur Burg wagen.

Stichwörter/wichtige Textstellen:
Negativer Charakterzug Goldmunds: „Er hätte, so schien es ihm jetzt, während seine Lippen bei Lydia waren und seine Hand bei Julien, er hätte Lydia entweder zur Hingabe zwingen oder seines Weges weiterziehen müssen." (S. 121)

Neuntes Kapitel

Noch im Winter muss Goldmund weiter wandern. Bevor er viele Tage und Nächte als Heimatloser verbringt, lässt ihm Lydia durch den Stallknecht ein gestricktes Unterwams, einen Schinken und einen goldenen Dukaten zukommen. Schließlich gelangt Goldmund in ein Dorf, wo neue Erlebnisse auf ihn warten. Zum ersten Mal sieht er eine Geburt und nach den „enttäuschenden Verliebtheiten" der vergangenen Wochen findet sein „Trieb" erneut „Stillung" bei einer Bauersfrau. Auch trifft Goldmund auf den Landstreicher Viktor, mit dem er trotz aufkeimenden Misstrauens zusammen weiterzieht. In der dritten Nacht ihres gemeinsamen Marsches versucht Viktor, Goldmunds Dukaten zu stehlen, während dieser schläft. Als Goldmund sich wehrt, schnürt ihm Viktor den Hals zu. In der Todesangst weiß Goldmund keinen anderen Ausweg, als den Gegner mit seinem kleinen Jagdmesser zu erstechen. Schockiert läuft Goldmund davon. Von Hunger, Durst und Fieberträumen gequält, irrt er in der Winterlandschaft umher, bis er in dem Dorfe, in dem er einst Viktor getroffen hat, zusammenbricht. Seine ehemalige Geliebte pflegt ihn wieder gesund.

Goldmund trifft auf den Landstreicher Viktor

Erster Totschlag Goldmunds

Stichwörter/wichtige Textstellen:

Maxime des Wanderers Goldmund: „Die zum Instinkt gewordene Gewohnheit, alles auf die drei Bedürfnisse des Heimatlosen zu beziehen: die Sicherung gegen Lebensgefahr, das Finden eines Nachtlagers und das Beschaffen von Nahrung, hatte den seit so vielen Jahren sich Herumtreibenden vieles gelehrt." (S. 130)

Zehntes Kapitel

Jahrelang wandert Goldmund von Hof zu Hof, von Dorf zu Dorf, von Frau zu Frau. Eines Tages gelangt er auf eine der schönsten Straßen des Reiches. In einem schönen Dorf hält er sich zwei Tage auf, mit einer Bauernmagd namens Franziska bringt er ein paar Morgenstunden in einer Scheune zu. In einem Kloster findet er Obdach für die Nacht und eine Gelegenheit zur Beichte. Als er die Kirche verlassen will, erblickt er in einer Seitenkapelle eine Holzfigur, die Mutter Gottes. Beeindruckt von ihrer lebendigen Schönheit erkundigt er sich bei Pater Bonifazius nach der Person des Künstlers. Meister Niklaus, so der Pater, sei ein als Künstler bekannter Bildschnitzer in der Bischofsstadt. „Verwandelt" macht sich Goldmund auf den Weg in die Bischofsstadt, denn er glaubt jetzt, seine Bestimmung gefunden zu haben.

Berufung zum Künstlerdasein

Obwohl er nicht erreicht, dass Niklaus ihn fest als Lehrling einstellt, so ist er überglücklich, als der Künstler ihm eine Lehrmöglichkeit auf freier Basis anbietet.

Stichwörter/wichtige Textstellen:
Leitthema der Einheit und Unvergänglichkeit durch die Kunst: „(Goldmund) dachte, daß er und jeder Mensch dahinrinne und sich immerzu verwandle und endlich auflöse, während ein vom Künstler geschaffenes Bild immer unwandelbar das gleiche bleibe." (S. 153)
Vorausdeutung auf die Handlung durch des Meisters Worte: „Ich möchte dir helfen, ein Künstler zu werden, vielleicht bist du dazu bestimmt." (S. 155)

Elftes Kapitel

Goldmunds Aufenthalt in der Bischofsstadt

Der Aufenthalt in der Bischofsstadt wird zur fröhlichsten und unbeschwertesten Zeit in Goldmunds Leben. Mit Hilfe des Meisters findet er Unterkunft im Hause eines Vergolders und lernt mit Holz, Gips und Farben umzugehen; er ist wieder sesshaft geworden.
Hin und wieder tadelt der Meister Goldmunds Unzuverlässigkeit, doch gleichwohl beobachtet er, dass Goldmund seine Arbeit mit Freude und Eifer verrichtet. Goldmund hat viele Wünsche, so will er beispielsweise die hübsche Meisterstochter Lisbeth als Magdalena gestalten ebenso wie das Bild der weltlichen Eva-Mutter.

Als Künstler gestaltet Goldmund eine Narzißfigur

Nach einem Jahr beginnt Goldmund, die Figur des Narziß als Jünger Johannes darzustellen. Drei Jahre lang arbeitet er mit tiefer Liebe an diesem Kunstwerk und erst jetzt versteht er die einst so fremden Worte des Freundes: Während sein Weg zur „Mutter", zur „Wollust" und zum Tode führt, ist Narzißens Heimat die „väterliche" Seite des Lebens, der Geist. Goldmund schafft es, dieses sein „Gegenspiel" in der Narziß-Figur zu verewigen und erlangt die Anerkennung des Meisters.
Trotz allen Erfolges in der Stadt ist er nicht froh, denn er hat seine Freiheit dafür geopfert.

Stichwörter/wichtige Textstellen:

!

Leitthematik: „In der Kunst und im Künstlersein lag für Goldmund die Möglichkeit einer Versöhnung seiner tiefsten Gegensätze, oder doch eines herrlichen, immer neuen Gleichnisses für den Zwiespalt seiner Natur." (S. 167)

Zwölftes Kapitel

Goldmunds Vision der Urmutter als Mahnung zum Aufbruch

Wie schon an manchem unlustigen Tag treibt sich Goldmund in der Stadt herum. Er sinnt über das Leid, den Tod und die Vergänglichkeit des Lebens. Als er seine eigene Situation reflektiert – der Meister hat die Zunft bewogen, ihm das Meisterzeugnis auszustellen und wünscht sich Goldmund als Mitarbeiter und Schwiegersohn – hat Goldmund plötzlich „ein Gesicht“: Er sieht

„das Gesicht der Urmutter, über den Abgrund des Lebens geneigt, mit einem verlorenen Lächeln schön und grausig blicken, sah es lächeln zu den Geburten, zu den Toden, zu den Blumen, zu den raschelnden Herbstblättern, lächeln zur Kunst, lächeln zur Verwesung.“

Dieser „Ruf“ der Urmutter mahnt Goldmund zum Aufbruch. So nimmt er Abschied von der Stadt und dem Meister, der seine Enttäuschung und Wut offen zeigt und Goldmund rasch die Tür weist.

! **Stichwörter/wichtige Textstellen:**
Bedeutung des Leitmotivs der Urmutter: „(Das Geheimnis der Urmutter) besteht darin, daß die größten Gegensätze der Welt, die sonst unvereinbar sind, in dieser Gestalt Frieden geschlossen haben und beisammen wohnen: Geburt und Tod, Güte und Grausamkeit, Leben und Vernichtung.“ (S. 180)

Dreizehntes Kapitel

Goldmund gelangt in eine Gegend, in der die Pest herrscht

Wieder wandert Goldmund Jahr für Jahr. Eine Zeit lang schließt sich ihm ein anderer Wanderer namens Robert an. Zu zweit kommen sie in eine Gegend, in der die Pest wütet. In einem allein stehenden Bauernhaus, das Goldmund betritt, findet er fünf Tote, deren Bild er tief in sich aufnimmt. Während sie weiterwandern, stoßen sie überall auf den „schwarzen Tod", von dem das Land heimgesucht wird. In einer kleinen, verlassenen Stadt sieht Goldmund einer Massenbestattung zu. Hier findet er auch das Dienstmädchen Lene, das mit ihm zieht und für eine Weile seine Geliebte wird. Die drei Wanderer richten sich schließlich in einer verlassenen Hütte ein.

Goldmund, Robert und Lene richten sich in einer Hütte ein

Stichwörter/wichtige Textstellen:
Zukunftsvision der Massenvernichtung: „Goldmund stand und sah zu, wie die Knechte mit Stangen und Bootshaken die Toten von den Wagen rissen und sie zu Haufen in das große Loch stießen, wie der Priester murmelnd sein Kreuz darüber schwang und davonging, wie die Knechte auf allen Seiten des flachen Grabes große Feuer anzündeten und schweigend in die Stadt zurückliefen, ohne daß jemand darangegangen war, die Grube zuzuwerfen. Er schaute hinab, es mochten fünfzig oder mehr da drinnen liegen, übereinandergeschmissen, viele nackt. Starr klagend ragte hier und dort ein Arm oder Bein in die Luft, ein Hemde flatterte schwach im Wind." (S. 199)

Vierzehntes Kapitel

Goldmund beschließt, bald allein weiter zu wandern, für den Winter zu Meister Niklaus zurückzukehren und schließlich, nach zehn Jahren, Narziß im Kloster Mariabronn zu besuchen. Plötzlich wird jedoch das Sommerglück durch einen Landstreicher gestört, der Lene vergewaltigen will. Goldmund er-

Goldmunds zweiter Totschlag

schlägt ihn in rasender Wut. Von dem Landstreicher ist Lene von der Pest angesteckt worden. Goldmund pflegt sie bis zu ihrem Tode, während er dem „feigen" Robert vorlügt, auch er sei angesteckt worden, damit dieser davoneilt.
Mit der Hütte verbrennt Goldmund die tote Lene und wandert weiter. Wohin er auch gelangt, überall herrschen Pest, Anarchie und Tod. Am Schlimmsten empfindet Goldmund den die Menschen befallenden Irrsinn, ihre wahnsinnige Suche nach einem Sündenbock für das unerträgliche Elend. Vor einer kleinen Stadt im Felde, bei einem schwarz verkohlten Trümmerhaufen, entdeckt er die Jüdin Rebekka, deren Vater samt vierzehn anderen Juden auf Befehl der Obrigkeit verbrannt worden ist. Er hilft ihr, den toten Vater zu bestatten, doch seine Werbung um ihre Liebe lässt sie kalt.
Goldmund wandert weiter und je näher er seinem Ziele, der Bischofsstadt und dem Künstlerleben kommt, desto öfter befällt ihn die Furcht vor dem Tod.

!

Stichwörter/wichtige Textstellen:
Bezug zur Realität: „In einer Stadt sah Goldmund mit grimmigem Herzen zu, wie die ganze Judengasse brannte, Haus an Haus, rundum stand das johlende Volk, und die schreienden Flüchtlinge wurden mit Waffengewalt ins Feuer zurückgejagt. Im Irrsinn der Angst und Erbitterung wurden überall Unschuldige totgeschlagen, verbrannt, gefoltert. Mit Wut und Ekel sah Goldmund zu, die Welt schien zerstört und vergiftet, es schien keine Freude, keine Unschuld, keine Liebe mehr auf Erden zu geben." (S. 214)

Fünfzehntes Kapitel

Goldmunds Rückkehr in die Bischofsstadt

Goldmund trifft in der Bischofsstadt ein. Die Pest ist erloschen und man freut sich auf die Rückkehr des Bischofs. Als er das Haus des Meisters Niklaus aufsucht, wird sein Glücksgefühl gedämpft, denn Margit, die alte Hausmagd, erkennt ihn zuerst nicht und teilt ihm mit, dass der Meister gestorben sei. Lisbeth, des Meisters schöne Tochter, ist zu einer scheuen, hässlichen Jungfer geworden. Bei Maries Eltern, wo er einst gewohnt hat, erfährt er, dass Niklaus gestorben sei, als seine Tochter die Pest befallen habe. Er habe sich an ihr zu Tode gepflegt und starb, noch ehe sie genesen sei. Goldmund verweilt einige Tage bei Maries Eltern und zeichnet Bilder aus seiner Erinnerung. Auf einem Spaziergang begegnet ihm Agnes, die Geliebte des Statthalters, zu der er sich stark hingezogen fühlt. Nach drei Tagen gelingt es ihm, sie zum Gespräch und schließlich auch zu einer Liebesstunde zu verführen.

Goldmund verführt die Geliebte des Statthalters

Stichwörter/wichtige Textstellen:

!

Muttermotiv: „Mehrmals auch deutete er mit dünnen, ahnenden Strichen eine große Frauengestalt an, die Erdenmutter, sitzend mit den Händen im Schoß, im Gesicht unter schwermütigen Augen ein Hauch von Lächeln." (S. 231)

Sechzehntes Kapitel

Einen Tag bringt Goldmund auf den Höhen um die Bischofsstadt zu; er spürt, dass er seine „Bilderwelt der Erinnerungen" durch neue Kunstwerke vor der Vergänglichkeit bewahren muss. Am Abend kommt er wieder zu Agnes, doch diesmal

Goldmund wird von dem Statthalter zum Tode verurteilt

wird das Liebesglück durch den Statthalter zerstört. Zwar gelingt es Goldmund, sich dem Statthalter als Dieb, nicht als Liebhaber der Agnes auszugeben, trotzdem verurteilt der Statthalter ihn zum Tode am folgenden Tag und lässt ihn in einen dunklen Keller abführen. Ein Priester, der zufällig im Schlosse residiert, beobachtet, wie Goldmund abgeführt wird und will diesem am nächsten Morgen die Beichte abnehmen. Während Goldmund sich in der Nacht auf den Tod am Galgen vorbereitet, erscheint ihm erneut das Bild seiner Mutter im Traum. Als er erwacht, spürt er seinen Lebensdrang, befreit sich von den Fesseln und plant, den ihm angekündigten Priester zu überreden, ihm zur Flucht zu verhelfen. Sollte dieser sich weigern, will Goldmund ihn erschlagen. Erstaunt stellt Goldmund am Morgen fest, dass der Priester die Ordenstracht des Klosters Mariabronn trägt.

Stichwörter/wichtige Textstellen:
Leben um jeden Preis: „Sollte er es gar nicht erreichen können, daß der Pfaffe ihm half, nun dann mußte er, falls man den Mann auch nur die kleinste Weile mit ihm allein ließ, ihn totschlagen." (S. 251)

Siebzehntes Kapitel

Narziß bewirkt Goldmunds Begnadigung

Der Priester trägt auch die Zeichen der Abtswürde und im Lichte der Kerzen erkennt ihn Goldmund: Es ist Narziß, der seit seiner Einkleidung Johannes heißt. Auch dieses Mal ist der Jugendfreund sein Retter, denn Narziß hat Goldmunds Begnadigung bewirkt und den Auftrag erhalten, Goldmund aus der Stadt zu führen. Das Wiedersehen rührt beide zutiefst.

Goldmund verabschiedet sich von Marie und ihren Eltern, Agnes sieht er nicht wieder. Auf dem Weg zum Kloster Mariabronn unterhalten sich die Freunde über ihre Erlebnisse der letzten Jahre. Narziß berichtet, dass der Abt Daniel vor acht Jahren gestorben sei und vor einem Jahr sein eigentlicher Nachfolger, Pater Martin, weshalb Narziß nun das Amt des Abtes angetreten habe. Narziß bietet Goldmund an, ihm im Kloster eine Werkstatt einzurichten, was diesen glücklich macht, da ihm das Mönchsleben fern liegt.
In der Burg des Ritters, in der Goldmund einst als Schreiber gedient hat, übernachten sie. Der Ritter und Lydia sind nicht mehr da; es ist jetzt Julie, die den Hof regiert.
Am nächsten Tag erreichen sie das Kloster.

Rückkehr ins Kloster

Stichwörter/wichtige Textstellen:
Hinweis auf Zusammenhang von Struktur und Inhalt der Erzählung: „In dieser Stunde schien es Goldmund, als habe sein Leben einen Sinn gewonnen, als übersähe er es wie von oben, sähe deutlich seine drei großen Stufen: die Abhängigkeit von Narziß und ihre Lösung – die Zeit des Wanderers – und die Rückkehr, die Einkehr, den Beginn der Reife und Ernte." (S. 265)

!

Achtzehntes Kapitel

In Mariabronn wohnt Goldmund zunächst in einer der Gastzellen; dann wird ihm in einem Wirtsgebäude Quartier gemacht. Mit Narziß führt er viele tiefsinnige Gespräche und erlangt neue Erkenntnis über die Gegensätzlichkeit ihrer Personen. In einem Raum neben dem Hoftor richtet er sich eine Werkstatt ein und beginnt sein neues Kunstwerk,

Goldmund lebt im Kloster als Künstler

mit dem er Narziß beeindrucken will: Er gestaltet die Vorleserempore im Refektorium der Patres. In seinem Werk will er in den Evangelisten seine liebsten Wegbegleiter verewigen: den Abt Daniel, Pater Martin und Meister Niklaus. Erst jetzt fühlt er sich fähig, Narziß die Beichte abzulegen und die Bußübungen zu befolgen.
Als die erste Figur des Werkes, Abt Daniel, fertig ist, hält Narziß seine Freude und Bewunderung nicht zurück.

Stichwörter/wichtige Textstellen:
Narziß erkennt die Bestätigung seiner Voraussagen: „Du hast mich mit diesem Augenblick reich beschenkt, mein Freund, du hast mir nicht nur unsern Freund Abt Daniel wiedergegeben, du hast mir, zum erstenmal, dich selbst ganz erschlossen. Ich weiß jetzt, wer du bist." (S. 282)

Neunzehntes Kapitel

Schon zwei Jahre lang arbeitet Goldmund an seinem Kunstwerk der Vorleserempore; im zweiten Jahr wird ihm Erich, der Sohn des Schmiedes, als Schüler zugewiesen. Hin und wieder verlässt Goldmund für einige Zeit das Kloster, um die Natur zu genießen. In seinem neuen Werk, einer Marienfigur, will Goldmund Lydia, eine der unvergesslichen Lieben seiner Jugend, verewigen, doch lässt er nun Erich mehr und mehr an dem Werk arbeiten. Goldmund zieht es wieder hinaus in die Ferne. Auch wenn er erkennt, dass er gealtert ist, so beginnt er trotzdem erneut das Wanderleben, nachdem die Marienfigur von Narziß als schönstes Kunstwerk des Klosters gelobt worden ist.

Goldmund beginnt erneut das Wanderleben

Narziß indessen hofft voll Sorge auf seine baldige Rückkehr.

Stichwörter/wichtige Textstellen:
Annäherung an die Vollkommenheit: „Wir Denker suchen uns Gott zu nähern, indem wir die Welt von ihm abziehen. Du näherst dich ihm, indem du seine Schöpfung liebst und nochmals erschaffst." (S. 284)

Zwanzigstes Kapitel

Rückkehr Goldmunds

Am Ende des Sommers kehrt Goldmund zurück, gealtert und hoffnungslos krank. Erst spät gesteht er Narziß den wahren Grund für seine Wanderung: Er ist dem Gerücht gefolgt, der Statthalter der Bischofsstadt sei wieder im Lande. Er habe gewünscht, Agnes wiederzusehen, doch als er sie getroffen habe, habe sie ihn nicht mehr beachtet. Noch zu Beginn seiner Reise, so Goldmund, sei er mit seinem Pferde in einen Fluss gestürzt und eine ganze Nacht lang mit gebrochenen Rippen im Wasser liegen geblieben. Aus Stolz sei er nicht umgekehrt.
Narziß erkennt sofort, dass Goldmund bald sterben wird, und ist glücklich, ihn noch einmal bei sich zu haben. Zum ersten Mal berührt er seinen Freund und gesteht ihm seine Liebe und Bewunderung.

Goldmund stirbt glücklich

Goldmund nimmt glücklich, mit einem Lächeln in den Augen, Abschied von Narziß, denn er weiß, es ist seine Mutter, die ihn durch den Tode zu sich nimmt.
In Narzißens Herzen brennen des Freundes letzten Worte – „ohne Mutter kann man nicht sterben" – wie Feuer.

Stichwörter/wichtige Textstellen:
Das Muttermotiv als zentrales Strukturelement: „Aber schon damals hat die Mutter mich gerufen, und ich mußte folgen. Sie

ist überall. Sie war die Zigeunerin Lise, sie war die schöne Madonna des Meisters Niklaus, sie war das Leben, die Liebe, die Wollust, sie war auch die Angst, der Hunger, der Trieb. Jetzt ist sie der Tod, sie hat ihre Finger in meiner Brust." (S. 304) Mahnung an Sinn und Universalität des Lebens: „Aber wie willst denn du einmal sterben, Narziß, wenn du doch keine Mutter hast? Ohne Mutter kann man nicht lieben. Ohne Mutter kann man nicht sterben." (S. 305)

2.3 Aufbau

Hermann Hesse bezeichnet seinen *Narziß und Goldmund* als ***Erzählung***, womit er den im Allgemeinen seine Werke seit dem *Demian* (1919) charakterisierenden Romantypus des **Entwicklungsromans**[9] durch bestimmte Strukturmerkmale einer Erzählform[10] spezifiziert. In dem am 2. 12. 1928 während der Arbeit an *Narziß und Goldmund* geschriebenen Aufsatz *Eine Arbeitsnacht* bezeichnet der Autor seine Prosadichtungen als

Prosadichtungen als *Seelenbiographien*

> *„Seelenbiographien (...): In allen handelt es sich nicht um Geschichten, Verwicklungen und Spannungen, sondern sie sind im Grunde Monologe, in denen eine einzige Person in ihren Beziehungen zur Welt und zum eigenen Ich betrachtet wird."* [11]

---

9 Als Entwicklungsromane lassen sich solche Romane definieren, in denen die geistige Entwicklung der Hauptgestalt, meist eines jungen Menschen, im Vordergrund steht.

10 Die *Erzählung* bezeichnet eine *„selbstständige Einzelgattung innerhalb der Grundgattung Epik, die sich mit den übrigen Gattungen häufig überschneidet und noch weniger als diese exakt bestimmbar ist. Ihre Formgesetze werden daher oft negativ umschrieben: Die Erzählung ist kürzer, weniger welthaltig, weniger figurenreich und weniger komplex in Handlung und Ideengehalt als der Roman."* (Schweikle, Günther und Irmgard (Hg.): *Metzler Literatur Lexikon. Begriffe und Definitionen*. Stuttgart: J. B. Metzlersche Verlagsbuchhandlung, 1990, S. 138.)

11 Zitiert nach: Unseld (Hg.), S. 133.

So stellt Hesse auch in *Narziß und Goldmund* nach dem Konzept der ***Seelenbiographie*** den inneren Erlebniszusammenhang des Protagonisten dar, wodurch das äußere Geschehen in den Hintergrund tritt. Hieraus ergeben sich besondere Strukturzüge und Erzählmuster, die in dieser bestimmten Funktion – der **Darstellung der seelischen Entwicklung des Protagonisten** – stehen und somit einen individuellen Romantypus bilden, der zwar auf der Grundkonzeption des Entwicklungsromans basiert, jedoch gleichzeitig Züge der Erzählung, der Novelle, der Legende und des Märchens aufweist. Unter besonderer Berücksichtigung der vom Autor vorgegebenen Strukturmerkmale wird im Folgenden die Kompositionsstruktur des *Narziß und Goldmund* beschrieben und auf ihre Bedeutung für Inhalt und Intention der *Seelenbiographie* hin dargestellt.

2.3.1 Kompositionsstruktur

Die Erzählung gliedert sich zunächst in **zwanzig Kapitel** von nahezu gleichem Umfang und Aufbau. Dem Thema der *Seelenbiographie* eines sich selbst suchenden „Ausnahmemenschen" (S. 39) entsprechend basiert die Grundkonzeption der Erzählung auf der **Integration zweier paralleler Handlungsebenen, die antithetisch aufeinander bezogen sind**.

Antithetische Struktur

Die vordergründige Ebene stellt die Rahmenhandlung und die äußere Entwicklung des Protagonisten dar und lässt sich in **drei große „Stufen"** (S. 265) gliedern: Die Jugendzeit im Kloster sowie die Abhängigkeit von Narziß und ihre Lösung (Kapitel 1–5/6), die Zeit als freier Wanderer und Künstler (Kapitel 5/6–16) und die Wiederbegegnung mit Narziß sowie die Rückkehr in das Kloster, in dem Goldmund als alter Mann stirbt (Kapitel 17–20).

Auf der zweiten Handlungsebene gestaltet der Erzähler parallel zu dem äußeren Entwicklungsgang die innere (seelische) Entwicklung der Hauptfigur – den Weg der Selbstwerdung – in der sich ebenfalls drei große „Stufen" erkennen lassen: Zunächst das Bewusstwerden der Natur seines Wesens und die „Erweckung", die „Heilung" seiner Neurose durch den Freund und Führer Narziß und dadurch die „Geburt" des selbstständigen, „sehenden" Goldmunds, der den „Ruf der Mutter" spürt (Kapitel 1–5/6). Anschließend das umfassende Erleben der Sinnenwelt, die „Berufung" zum Künstlerdasein, durch das Goldmund seine inneren Gegensätze zu versöhnen erreicht, Visionen der „Urmutter", die ihn aus der Sesshaftigkeit hinausführen und seinen „Lebenstrieb" bewirken und Reflexionen über Tod und Vergänglichkeit, die seine Persönlichkeit formen. (Kapitel 5/6–16). Zuletzt die Reflexion seines Weges, die Erkenntnis der Universalität aller Gegensätze und die Rückkehr zur Mutter – die Einkehr in die seelische Einheit (Kapitel 17–20).

Dialektisches Verhältnis der zwei Handlungsstränge

Das dialektische Verhältnis der beiden Handlungsstränge ergibt sich aus der **Wechselwirkung zwischen äußerer Begebenheit und seelischem Ereignis**, die kontinuierlich die Wegabschnitte der einzelnen Stufen bestimmt und dadurch die Handlung wie ein „Motor" vorantreibt. So ist es beispielsweise der erste Kuss eines jungen Mädchens während Goldmunds geheimem Ausflug „ins Dorf" (S. 27), der den Protagonisten seelisch erschüttert und körperlich zusammenbrechen lässt, doch gerade dieser „Zusammenbruch" ist der Auslöser für die Freundschaft der Hauptfiguren. Die Freundschaft zwischen Denker und Gefühlsmensch wiederum bringt die tief greifenden analytischen Gespräche der Figuren mit sich, wodurch Goldmunds „Erweckung" und Berufung" („Jetzt war er sehend und war kein Kind und Schüler mehr", S. 82) initiiert wird. Die Versöhnung mit dem verdrängten Mutterbild führt schließlich den Protagonisten zu seiner wahren Natur zurück und bewirkt somit die Trennung der Freunde, und Goldmund beginnt das Wanderleben. Solche **Wendepunkte des „Erwachens", der „Erweckung" und „Berufung"** markieren die stufenweise Entwicklung der Hauptfigur[12].

Erzählverlauf spiegelt das antithetische Handlungsgefüge wider

Das antithetische Handlungsgefüge spiegelt sich ebenfalls in dem Erzählverlauf wider. Einzelne Situationen und Erlebnisse, die wesentliche Einschnitte in der psychischen Entwicklung der Hauptfigur bewirken, werden in „raffendem" Erzählerbericht, zumeist am Kapitelanfang, vorausgeschickt und durch ausführliche, quantitativ überwiegende Reflexion ergänzt. In diesen **Reflexionsphasen** kombiniert der berichtende Erzähler verschiedene Erzähltechniken wie direkte und erlebte Rede oder Gedankenreferat und erreicht dadurch, dass die „Erzählzeit" die „erzählte/objektive" Zeit deutlich überragt[13]. Als Beispiel für diesen *seelenbiografischen* Erzählverlauf sei hier der Beginn des achten Kapitels angeführt:

> *„Eine lange Weile schon war Goldmund gewandert, selten ein zweites Mal am selben Ort zur Nacht, überall von Frauen begehrt und beglückt, von der Sonne braungebrannt, vom Wandern und von schmaler Kost gemagert. Viele Frauen hatten in*

---

12 *„Erwachen und Erwecken sind als Zentralerlebnisse in den Werken Hesses (...) die weiterführenden Elemente. Sie bilden die Gelenke der Erzählungen und werden durch die ‚Entschlüsse', die in diesen Momenten des Wachwerdens gefasst werden, immer wieder zu Wendepunktereignissen, die den Geschehnisverlauf und den gesamten Aufbau der einzelnen Werke entscheidend bestimmen."* (Schiefer, Peter: *Grundstrukturen des Erzählens bei Hermann Hesse.* [Diss.] Münster, 1959, S. 60.)

13 Die objektive Zeit steht in dieser *Seelenbiografie* nicht im Mittelpunkt, wofür nicht nur die Rückverlegung der Handlung in ein ‚zeitloses' Mittelalter spricht, sondern auch die Verwendung von unbestimmten Zeitangaben an den Kapitelanfängen, wie beispielsweise „Eines Tages" oder „Eine lange Weile" sowie die wenigen Angaben zu Alter der Figuren und zur Länge der einzelnen Zeitabschnitte.

der Morgenfrühe von ihm Abschied genommen und waren gegangen, manche mit Tränen," (raffender Erzählerbericht) *„und manches Mal hatte er gedacht: »Warum bleibt keine bei mir? Warum, wenn sie schon mich lieben und einer Liebesnacht wegen die Ehe brechen – warum kehren sie alle sofort zu ihren Männern zurück, von denen sie meistens Prügel zu fürchten haben?«"* (direkte Rede; Selbstgespräch) *„Keine hatte ihn ernstlich gebeten dazubleiben, keine einzige hatte ihn je gebeten, sie mitzunehmen, oder war aus Liebe bereit gewesen, Freude und Not der Wanderschaft mit ihm zu teilen. (...) Aber dennoch war es ihm wunderlich und ein wenig traurig, daß überall Liebe so sehr vergänglich schien, die der Frauen wie seine eigene, daß sie ebenso sehr satt war wie entflammt. War das richtig? War das immer und überall so? Oder lag es an ihm selbst, war er vielleicht so beschaffen (...) Er wußte es nicht."* (erlebte Rede) (S. 98–99)

Erzählerische Mittel zur Projektion der Innenwelt auf die Außenwelt

Hier wird die Funktion der einzelnen **Erzähltechniken als erzählerische Mittel zur Gestaltung der *Seelenbiographie*** – zur Projektion der Innenwelt auf die Außenwelt – deutlich.

Seelenbiographie – Individuationsprozess des Protagonisten

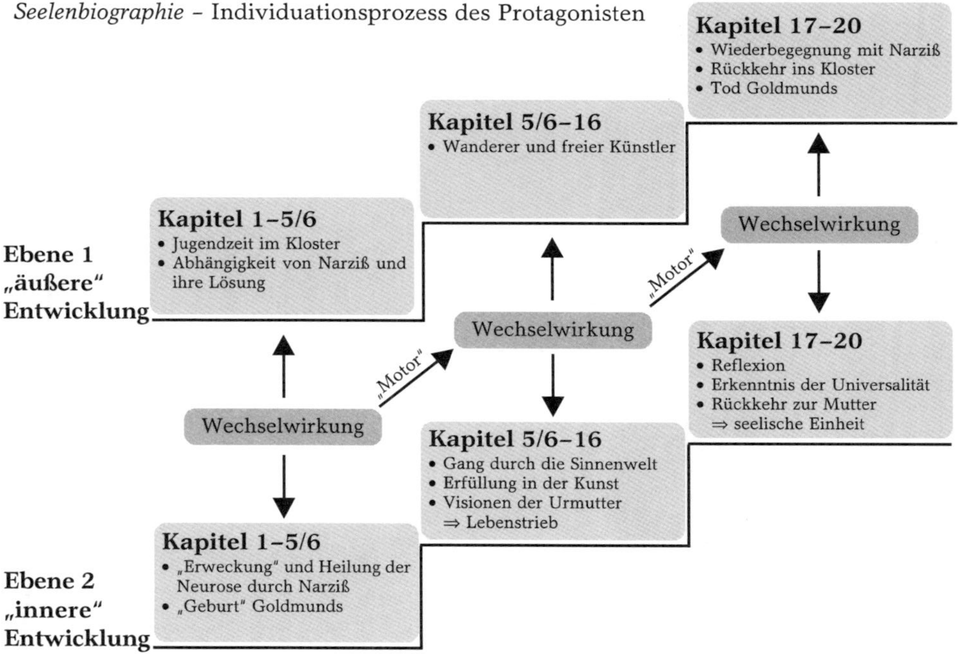

Kapitelweiser Erzählverlauf

„raffender" Erzählerbericht

↓

ausführliche Reflexion

⇓

Projektion der Seelenwelt in die Außenwelt

2.3.2 Leitmotive

Gegensatz (Antithese)

Zentrales Leitmotiv der Erzählung

Schon der Titel *Narziß und Goldmund* weist darauf hin, dass der Gegensatz, die **„Polarität des Daseins"**[14], das zentrale Leitmotiv der Erzählung ist. Die zwei Protagonisten verkörpern die zwei „Seelen" des Menschen („Wie Narziß ein Denker und Zergliederer, so schien Goldmund ein Träumer und eine kindliche Seele zu sein." S. 20). Erst beide zusammen bilden ein Ganzes („[Narziß] sah Goldmunds Natur, die er trotz des Gegensatzes innigst verstand; denn sie war die andere, verlorene Hälfte seiner eigenen." S. 33). Dieses dialekti-

14 vgl.: Baumann, Günter: *Hermann Hesse und die Psychologie C. G. Jungs.* In: Limberg, Michael (Hg.): *Hermann Hesse und die Psychoanalyse. »Kunst als Therapie«.* 9. Internationales Hermann-Hesse-Kolloquium in Calw, 1997. Bad Liebenzell: Bernhard Gengenbach, 1997, S. 58.

sche Prinzip[15] spiegelt sich nicht nur in vielen Symbolen und Bildern wider („Vor dem von Doppelsäulchen getragenen Rundbogen des Klostereingangs von Mariabronn (...)“ S. 7), sondern auch insbesondere in dem überwiegend dialektischen Sprechen. Hierbei treten gegensätzliche Begriffe und Gedanken satzweise und abschnittsweise zusammen („Ein Sehender und ein Blinder“ S. 33); Sätze und Satzteile verhalten sich zueinander wie These und Antithese.

Dialektik in Symbolen, Bildern und Sprache

(*„Es ist nicht unsere Aufgabe, einander näherzukommen, sowenig wie Sonne und Mond zueinander kommen oder Meer und Land. Wir zwei, lieber Freund, sind Sonne und Mond, sind Meer und Land. Unser Ziel ist nicht, ineinander überzugehen, sondern einander zu erkennen und einer im andern sehen und ehren zu lernen, was er ist: des andern Gegenstück und Ergänzung.“* S. 44–45)

Durch die Verknüpfung von objektivem und seelischem Geschehen wird die **Synthese der Gegensätze** unterstützt:

„Trotz aller tiefen Verschiedenheit ihrer Wesen hatten sie beide viel voneinander gelernt; es war zwischen ihnen neben der Vernunftsprache allmählich eine Seelen- und Zeichensprache entstanden (...). Langsam reiften, im Licht der Liebe, neue Verbindungen von Seele zu Seele, hinterher erst kamen die Worte.“ (S. 42)

Um den fließenden Übergang von Außen- und Innenwelt zu bewirken, be-

Elemente aus der Psychoanalyse

15 Dialektik bezeichnet *„die durch eine Logik des Widerspruchs vorangetriebene Bewegung des Erkennens. Diese Bewegung vollzieht sich in drei Schritten: Das in der Thesis Gesetzte wird durch die Antithesis negiert (a), dann durch Negation der Negation von neuem behauptet und zugleich auf ein höheres Niveau angehoben (b); daraus entsteht die Synthesis, die Thesis und Antithesis in sich aufhebt und zugleich bewahrt (c).“* (Nünning, Ansgar (Hg.): *Metzler Literatur- und Kulturtheorie. Ansätze – Personen – Grundbegriffe.* Stuttgart: J. B. Metzlersche Verlagsbuchhandlung, 1998, S. 92.

nutzt der Erzähler Elemente aus der Psychoanalyse, wie beispielsweise den Traum, der als Spiegel für das Unbewusste verwendet wird. Der Traum hat die Funktion, die Seelenwelt des Protagonisten sichtbar zu machen und neue Entwicklungen einzuleiten, wodurch er zum erzählerischen Mittel für die Synthese der Gegensätze wird.

> *„Wüste Bilderknäuel wälzten sich herauf, er sah Hundeköpfe, drei Hundeköpfe, und er roch den Duft von Rosen. (...) Wieder erwachte er, und eben noch im Entschwinden der eilig weggleitenden Traumwelt sah er es, fand das Bild wieder und zuckte wie in schmerzlicher Wollust zusammen. (...) Er sah seine Mutter (...) Berge von Schutt, Meere von Vergessenheit waren weg, waren verschwunden; aus königlichen, hellblauen Augen blickte die Verlorene ihn wieder an, die unsäglich Geliebte."* (S. 55).

Durch die Möglichkeit, Vorausdeutungen auf den Handlungsverlauf im Traum gestalten zu können, wird seine leitmotivische Funktion besonders deutlich. So träumt Goldmund beispielsweise schon während seiner Jugendzeit in Mariabronn, dass er Figuren aus Lehm knetet (S. 62), was sein zukünftiges Künstlerdasein andeutet. Viele **Tiersymbole** (Fisch und Vogel, S. 63) und Bilder des Flusses und des Wassers

> – *„Wasser liebte er sehr, jedes Wasser zog ihn an (...) So wie dies kleine Wassergeheimnis, schien ihm, waren alle echten Geheimnisse, alle wirklichen, echten Bilder der Seele: sie hatten keinen Umriß, sie hatten keine Form (...), sie waren verschleiert und vieldeutig."* (S. 178) –

sind ebenfalls psychoanalytische Mittel[16] für die Projektion der Seelenwelt in die Außenwelt. **Traum und Wasser sind**

16 Ebd., S. 51 f.

Motive für die Synthese aller Gegensätze, für die Universalität des Daseins:

> *„Aus demselben unwirklichen, magischen Stoff [wie das Wasser] waren nachts die Träume gewoben, ein Nichts, das alle Bilder der Welt in sich enthielt, ein Wasser, in dessen Kristall die Formen aller Menschen, Tiere, Engel und Dämonen als allzeit wache Möglichkeiten wohnten."* (S. 179)

Auch der Gegensatz zum Leben, der Tod, hat leitmotivische Funktion. Immer wieder muss sich Goldmund mit Tod und Vergänglichkeit des Seins auseinandersetzen (Totschlag Viktors, Kapitel 9; Pest als „schwarzer Tod", Kapitel 13/14), um zuletzt zu erkennen, das **Leben und Tod** eine Einheit bilden und den natürlichen Kreislauf des Lebens gestalten.

Dialektische Elemente in der Kompositionsstruktur

- Gegensätzlichkeit und Einheit in der Figurenkonstellation (polares Verhältnis der Protagonisten)
- Wechselwirkung von äußerer und innerer Handlung
- Wechsel der Erzähltechniken
- Zusammentreten gegensätzlicher Begriffe und Gedanken in Sätzen und Abschnitten
- Dialektisches Sprechen

Urmutter

Sinnbild für das innere Geschehen Goldmunds

Das Bild der Urmutter stellt neben der Gestaltung der Dualität das entscheidende Leitmotiv dar. Die Urmutter versinnbildlicht das innere Geschehen Goldmunds, seine Su-

che nach Einheit und zuletzt die Einheit selbst. Als mutterloser Klosterschüler, der sein Mutterbild „vergessen" und das vom Vater vermittelte übernommen hat, leidet Goldmund zunächst an dem „weiblichen Geschlecht" („Du fühlst im Weib, im Geschlecht, den Inbegriff all dessen, was du ‚Welt' und ‚Sünde' nennst." S. 35). Nachdem Narziß keinen Zweifel mehr daran hat, dass „Eva", die „Urmutter" (S. 37), Goldmunds Leiden hervorruft, führt er diesen in analytischem Gespräch zur Erkenntnis seines Problems („Du hast deine Kindheit vergessen, aus den Tiefen deiner Seele wirbt sie um dich. Sie wird dich so lange leiden machen, bis du sie erhörst" S. 46; „Du schläfst an der Brust der Mutter" S. 47). So ist Goldmund „sehend" geworden (S. 54), hat den Unterschied zwischen „mütterlichen und väterlichen Herkünften" (S. 64) erkannt und seine „Seele wiedergefunden". Damit ist er bereit, „ihrem Ruf" (S. 59) zu folgen.
Den ersten „Ruf" der Mutter verspürt Goldmund bei seiner Begegnung mit Lise (S. 74), mit der er seine erste Liebesstunde verbringt.

> *„Ich gehe zu ihr, (...), weil ich muß, weil es mich ruft (...) eine Frau zu lieben, ihr sich hinzugeben, sie ganz in sich einzuhüllen und sich von ihr eingehüllt zu fühlen (...), ist für mich der Weg zum Leben und der Weg zum Sinn des Lebens."* (S. 79).

Bild der Mutter bestimmt den Handlungsverlauf

Von nun an bestimmt das Bild der Urmutter den Handlungsverlauf: Nach seinem Totschlag Viktors ist es die „Mutter Gottes aus Holz" in einer Kapelle, die ihn bewegt, seine Berufung zum Künstler zu entdecken und ihn somit zu Meister Niklaus in die Bischofsstadt weist (S. 144). Während seines Lebens als Künstler reflektiert er seine Zeit der Wanderung, der Liebesnächte, der Lebensgefahr und Todesnähe und erkennt, dass sich das Mutterbild langsam „verwandelt" und „bereichert" hat: „es war nicht mehr das Bild seiner eigenen Mutter, sondern aus dessen Zügen war nach und nach ein nicht mehr persönliches Mutterbild geworden, das Bild einer Eva, einer Menschenmutter." (S. 160) In dieser Phase der Reflexion wird die Funktion des Bildes der Urmutter als **Sinnbild der Einheit** deutlich:

> *„Die Mutter des Lebens konnte man Liebe oder Lust nennen, man konnte sie auch Grab oder Verwesung nennen. Die Mutter war Eva, sie war die Quelle des Glücks und die Quelle des Todes, sie gebar ewig, tötete ewig, in ihr waren Liebe und Grausamkeit eins, und ihre Gestalt wurde ihm zum Gleichnis und heiligen Sinnbild, je länger er sie in sich trug."* (S.166)

Bild für die Universalität

Als Goldmund nach längerer Zeit in der Bischofsstadt über den Sinn seines mittlerweile freudlosen Lebens nachdenkt, ist es wieder das Gesicht der Urmutter, das in Goldmunds Seele „aufblitzt" und das ihn zum Aufbruch mahnt (S. 176–177). In der symbolischen Gestalt der Urmutter haben sich die größten Gegensätze der Welt, die sonst unvereinbar sind, zusammengeschlossen: „Geburt und Tod, Güte und Grausamkeit, Leben und Vernichtung" (S. 180). Immer wieder spürt der Protagonist den mütterlichen „Ruf" als Wegweiser („Sie lebt in mir" S. 180; „Er war (...) auf einem wichtigem Wege: dem Weg zur Mutter." S. 181) Als Goldmund im Kerker auf seinen Tod am Galgen wartet und in Verzweiflung allen Lebenswillen aufgegeben hat, ist es das „Bild seiner Mutter" (S. 249), an das er seine Klage richtet und das neuen Lebenstrieb in ihm weckt. Auf dem Sterbebett im Kloster Mariabronn fühlt Goldmund zuletzt den Ruf der Mutter im Tode und resümiert:

„Aber schon damals hat die Mutter mir gerufen. Sie ist überall. – Sie war die Zigeunerin Lise, sie war die schöne Madonna des Meisters Niklaus, sie war das Leben, die Liebe, die Wollust, sie war auch die Angst, der Hunger, der Trieb. Jetzt ist sie der Tod, sie hat ihre Finger in meiner Brust." (S. 304).

Die Entwicklung des Mutterbildes	Kapitel
➤ Goldmund als mutterloser Schüler	1; 2
➤ Goldmunds Erinnerung an die Mutter („Erwachen", „Geburt")	4; 5
➤ Der „Ruf" der Mutter als Auslöser für das Wanderleben	6
➤ Die „Mutter Gottes aus Holz" bewirkt Goldmunds Berufung zum Künstler	10
➤ Beständiger Wandel und Wachstum des Mutterbildes: Bild der Eva/Urmutter als Sinnbild der Einheit	11; 12
➤ Goldmunds Mutteranruf in der Todesfurcht	16
➤ Goldmunds Rückkehr zur Mutter durch den Tod	20

2.4 Personenkonstellation und Charakteristiken

Narziß

Bereits im ersten Kapitel bekommt der Leser ein deutliches und umfassendes Bild von Narziß. Er ist der Zögling, der seit kurzem das Noviziat angetreten hat und seiner besonderen Gaben wegen bereits als Lehrgehilfe eingesetzt wird (S. 9). Narziß ist ein Einzelgänger, bei allen bekannt und von allen geachtet. Viele sind von Narziß

> *„bezaubert, dem Wunderknaben, dem schönen Jüngling mit dem eleganten Griechisch, mit dem ritterlich tadellosen Benehmen, mit dem stillen, eindringlichen Denkerblick und den schmalen, schön und streng gezeichneten Lippen."* (S. 9)

Während eines Gesprächs mit dem Abt Daniel erklärt er diesem, dass er zum Klosterleben bestimmt sei, dass er Mönch, Priester, Subprior und vielleicht Abt werden würde und dass er insbesondere ein „Gefühl für die Art und die Bestimmung der Menschen" habe (S. 11). Bereits als Lehrgehilfe zeigt sich Narzißens geistige Überlegenheit und sein Stolz, so besteht er beispielsweise in einer Auseinandersetzung mit einem lehrenden Pater auf die Einführungen gewisser Änderungen im Unterricht, muss sich jedoch dem Gebot des Gehorsams fügen. Auch Goldmund ist bei seiner Ankunft im Kloster zutiefst beeindruckt von dem jungen Lehrer und „freute sich an seiner straffen schlanken Gestalt, seinem kühl blitzenden Auge, seinen straffen, klar und fest die Silben formenden Lippen, an seiner beschwingten, unermüdlichen Stimme." (S. 17)

Narziß ist geistig überlegen

Narziß, der „in seiner Vornehmheit Vereinsamte", wittert sofort in Goldmund den „Verwandten", obwohl er in allem sein „Gegenspiel" zu sein scheint (S. 20) und wünscht sich diesen

„zum Freunde", um ihn „führen, aufklären, steigern und zur Blüte bringen" zu können (S. 22). Doch trotz dieses starken Wunsches nach Freundschaft macht er sich immer wieder bewusst, dass der „Kern und Sinn seines Lebens" der „Dienst am Geist, der Dienst am Wort" ist (S. 22). Narziß ist „Denker", ihm ist alles Geist, auch die Liebe, weshalb er nicht gedankenlos einer Anziehung erliegen kann. Nach Goldmunds verbotenem Ausflug ins Dorf und der darauffolgenden Krankheit nähert er sich ihm und macht somit den ersten Schritt zu ihrer Freundschaft, die für Narziß „Dienen" und „Beistand" bedeutet („»Goldmund«, sagte er, »kann ich dir beistehen? Ich sehe, daß du in Not bist (...)«", S. 28.)

Für Narziß bedeutet Freundschaft „Dienen" und „Beistand"

Narziß weiß, dass er selbst zum Asketen bestimmt ist, dass ihm Lieben nur in der „höchsten Form" erlaubt ist. Ebenso deutlich sieht er, dass Goldmund kein Asket werden wird, dass Goldmund die sinnliche, verlorene Hälfte seiner eigenen Natur darstellt, und erfüllt seine Aufgabe für diese Freundschaft, als „Sehender" dem „Blinden" seine wahre Natur zu zeigen (S. 33). Durch sein psychoanalytisches Verständnis und sein tiefes Interesse für den Freund erkennt er recht bald Goldmunds ‚Mutterproblem' und in einem der ernsthaften Gespräche der Freunde weiß er sein rhetorisches Geschick einzusetzen, um den Freund zu „wecken" (S. 46; S. 52). Nachdem Goldmund zu sich selbst gefunden hat, sieht Narziß, mittlerweile Mönch, „mit Freude" (S. 59), dass er sich von seiner Führerschaft befreit, doch ist er gleichsam traurig über die bevorstehende Trennung. Während Goldmund von dem Klosterleben Abschied nimmt, ist Narziß „Diener und Soldat des Ordens, der Kirche, des Geistes" (S. 69), doch beteuert er dem Freund in weiser Voraussicht: „Ich vergesse dich niemals. Du wirst wiederkommen, ich bitte dich darum, ich erwarte es.

Wenn es dir einmal schlecht geht, so komm zu mir oder rufe mich." (S. 79-80)
So wie Narziß es versprochen hat, ist er schließlich auch Goldmunds Retter vor dem Tod, als er, mittlerweile unter dem Namen Johannes das Amt des Abtes ausübend, Goldmunds Begnadigung bewirkt (S. 255). Die lange Trennung hat ihrer Freundschaft nicht schaden können („Sie gaben sich die Hände und hielten sie lange fest und drückten sie und fühlten sich tief bewegt (...)", S. 255).
Zurück im Kloster Mariabronn ist Goldmund wieder voll Bewunderung für den Freund, „wenn er als Abt auftrat, mit der stillen Sicherheit und diesem Anflug von Spott für Weltleute und Weltleben" (S. 266). Aus Narziß ist zuletzt ein „Mann des Geistes", mit „zarten Händen und einem Gelehrtengesicht" geworden, „ein Mann voll Sicherheit und Mut, ein Führer, einer, der Verantwortung trug." (S. 266) Erst am Ende gelingt es Narziß, dem Freunde den Unterschied zwischen Künstler und Denker und die Aufgaben, die einem jeden von beiden auf andere Weise gestellt sind, zu verdeutlichen:

Narziß ist Asket und Geistesmensch

> *„Denn indem ein Mensch mit den ihm von Natur gegebenen Gaben sich zu verwirklichen sucht, tut er das Höchste und einzig Sinnvolle, was er kann. Darum sagte ich früher so oft zu dir: versuche nicht den Denker oder den Asketen nachzuahmen, sondern sei du selbst, suche dich selbst zu verwirklichen!"* (S. 272)

Doch zuletzt lernt auch der Lehrer Narziß von Goldmund, was Kunst ist und bekennt:

> *„Ich gab zwar vor, die Kunst hoch zu achten, aus Gewohnheit, aber eigentlich war ich hochmütig und sah auf sie herab. Jetzt erst sehe ich, wie viele Wege zu Erkenntnis es gibt und daß der*

Weg des Geistes nicht der einzige und vielleicht nicht der beste ist. Es ist mein Weg, gewiß; ich werde auf ihm bleiben. Aber ich sehe dich auf dem entgegengesetzten Weg, auf dem Weg durch die Sinne, das Geheimnis des Seins ebenso tief erfassen und viel lebendiger ausdrücken, als die meisten Denker es können. (...) Wir Denker suchen uns Gott zu nähern, indem wir die Welt von ihm abziehen. Du näherst dich ihm, indem du seine Schöpfung liebst und nochmals erschaffst. Beides ist Menschenwerk und unzulänglich, aber die Kunst ist unschuldiger." (S. 284)

Narzißens Liebe gegenüber dem Freund ist groß, doch erst am Sterbebett Goldmunds gesteht er ihm diese (S. 299). Goldmunds erfülltes Leben und Sterben („Ich sterbe gern" S. 305), das der Denker und Asket Narziß beobachtet und begleitet, löst in ihm ebenfalls starke Emotionen aus, so sind es beispielsweise die letzten Worte Goldmunds („Ohne Mutter kann man nicht lieben. Ohne Mutter kann man nicht sterben." S. 305), die in seinem Herzen brennen „wie Feuer". Trotzdem hat Narziß den ihm vorbestimmten Weg des Geistesmenschen nicht verlassen.

Goldmund

Goldmund setzt sich schnell durch

Nachdem er von seinem Vater in die Klosterschule gebracht worden ist, fühlt sich der „hübsche, zärtliche Junge" (S. 15) Goldmund gleich zu dem Abt Daniel und zu Narziß hingezogen. Recht schnell kann er sich im Kreise seiner Mitschüler behaupten, zum einen, da er sich in einer Rauferei erfolgreich durchsetzt, und zum anderen, da er an dem verbotenen Ausflug „ins Dorf" teilnimmt. Zunächst ist es sein „ehrlicher Wunsch und Wille, ein guter Schüler zu sein, bald ins Noviziat aufgenommen und dann ein frommer, stiller Bruder der Patres zu werden." (S. 21) Umso enttäuschter ist er, als er zuweilen „tadelnswerte Neigungen und Zustände" an sich wahrnimmt:

Goldmund neigt zum Träumen und zum Ungehorsam

> *„Zerstreutheit und Widerwillen beim Lernen, Träumen und Phantasieren oder Schläfrigkeit während der Lektionen, Auflehnung und Abneigung gegen den Lateinlehrer, Reizbarkeit und zornige Ungeduld gegen die Mitschüler."* (S. 21)

Als Goldmund bei seinem Ausflug ins Dorf den ersten Kuss eines Mädchens bekommt, fühlt er die tiefe Zerrissenheit seiner Seele: „»Niemals mehr!« sagte befehlend sein Wille. »Morgen wieder!« flehte schluchzend sein Herz." (S. 27) Als sich Narziß ausgerechnet in diesem kränklichen Zustand Goldmunds nähert, ist er glücklich, doch auch beschämt (S. 28). Schließlich bedeutet die Freundschaft zu Narziß für ihn „Erlösung" und „Genesung", und er gibt sich dieser „innig und glühend, spielend und rechenschaftslos" hin:

> *„Ihm lag es ferne, sich seinen Freund als Widerspiel und Gegenpol zu denken. Ihm schien, es bedürfe ja nur der Liebe, nur der aufrichtigen Hingabe, um aus zweien eins zu machen, um Unterschiede auszulöschen und Gegensätze zu überbrücken."* (S. 56)

Goldmund ist Sinnenmensch

Als Narziß dem Freund seine Neurose vor Augen führt und ihm die Erinnerung an seine Mutter ermöglicht, bricht Goldmund zunächst ohnmächtig zusammen (S. 49), ist anschließend jedoch geheilt und erkennt bald, dass es ihn in die Welt hinauszieht. Er beginnt oft und lange zu träumen (S. 62). Nach seinem ersten Liebeserlebnis mit Lise weiß Goldmund: „Ihm lag nichts ob, als sich hinzugeben und zu lieben, den betenden Freund in der nächtlichen Kirche nicht minder als die schöne warme junge Frau, die auf ihn wartete." (S. 81)

In seinem Leben als Landstreicher gibt er sich ausschließlich den Frauen und der Wollust hin:

„Von den Frauen zu lernen wurde er nicht müde. (...) er stand jeder Verführung offen: nur dadurch war er selbst so verführend. Seine Schönheit allein hätte nicht genügt, ihm die Frauen so leicht zuzuführen; es war diese Kindlichkeit, dies Offenstehen, diese neugierige Unschuld der Begierde, diese vollkommene Bereitschaft zu allem, was eine Frau irgend von ihm begehren mochte. (...) Er war zum Spielen bereit und zum Kämpfen, zum Seufzen und zum Lachen, zur Scham und zur Schamlosigkeit." (S. 99–100)

Goldmund trägt Züge eines „Wüstlings"

Es war seine Bestimmung, die Frauen und die Liebe auf viele Arten bis zur Vollkommenheit kennen zu lernen, doch erfüllt sich so auch Narzißens implizite Prophezeiung („Weißt du nicht, daß einer der kürzesten Wege zum Leben eines Heiligen das Leben des Wüstlings sein kann?" S. 35). Goldmund zeigt deutlich die Charakterzüge eines „Wüstlings", als er zwischen den beiden Rittерstöchtern liegt, beide zu lieben begehrt („er hätte Lydia entweder zur Hingabe zwingen oder seines Weges weiterziehen müssen." S. 121) und schließlich nach der Beendigung der Szene durch seine derzeitige Geliebte Lydia äußerst rücksichtslos ist.

„Goldmund aber, in allen seinen Trieben beleidigt und betrogen, umschlang schnell die sich aufrichtende Julie, küßte ihr die Brüste und flüsterte ihr brennend ins Ohr: »Morgen, Julie, morgen!«" (S. 122).

Als er auf seinem weiteren Weg einer Geburt zusieht,

„fiel ihm etwas Unerwartetes auf: die Linien im verzerrten Gesicht der Schreienden waren wenig verschieden von jenen, die er im Augenblick des Liebesrausches auf anderen Frauen-

gesichtern gesehen hatte! (...) Wunderbar, ohne daß er begriff warum, überraschte ihn diese Einsicht, daß Schmerz und Lust einander ähnlich sein konnten wie Geschwister." (S. 127–128)

Durch den Landstreicher Viktor lernt er vieles, was ihm hilft, die drei Bedürfnisse des Heimatlosen zu erfüllen: „die Sicherung gegen Lebensgefahr, das Finden eines Nachtlagers und das Beschaffen von Nahrung" (S. 130). Als Goldmund sein Leben verteidigt und Viktor in „Todesangst" „klug" und „hellsinnig" ersticht, wird sein starker Lebenstrieb einmal nicht auf „wollüstige" Weise deutlich (S. 134). Die Tat bereut er bitter und flüchtet, von Fieberfantasien gepeinigt, von dem Ort des Verbrechens. In diesem Wahn redet er unter anderem mit Narziß.

„»Hast du Angst, Narziß«, redete er ihn an, »graut es dir, hast du was gemerkt? Ja, Verehrtester, die Welt ist voll von Tod, auf jedem Zaun sitzt er, hinter jedem Baum steht er, (...) er lacht, Ach unsere armen Knochen, ach unser armer Schlund und Magen, ach unser armes bißchen Hirn unterm Schädel! Es will alles fort, es will alles zum Teufel, auf dem Baum sitzen die Krähen, die schwarzen Pfaffen.«" (S. 137).

Goldmund ist Künstler

Auch wenn er scheinbar ein gottloses Leben führt, ist ihm die Beichte wichtig (S. 144). Als er seine Berufung zur Kunst erfährt, ist er dem Meister Niklaus dankbar für seine Aufnahme als Lehrling, trotzdem erkennt er sich selbst als unzuverlässigen und faulen Menschen: „Solange eine Arbeit ihn fesselte, ihm schwierige Aufgaben stellte oder ihn seiner Fertigkeit bewußt und froh werden ließ, war er ein eifriger Arbeiter. Schwere Arbeit tat er ungern (...)" (S. 157) Während seines Wanderlebens wird er wiederholt zum Mörder, als er seine Geliebte verteidigt. Immer wieder sieht er in den Phasen der Reflexion seines Lebens das Muttergesicht, so scheut er sich auch nicht vor dem

Tod durch die Pest. Schließlich kehrt Goldmund als alter Mann wieder in das Kloster zurück, obwohl sein Glaube mit den Erlebnissen der Wanderschaft mehr und mehr geschwunden ist. Er charakterisiert sich zuletzt selbst:

> *„Ich bin kein Mönch und will auch keiner werden. Ich kenne ja die drei großen Gelübde, und mit der Armut bin ich gern einverstanden, aber ich liebe weder die Keuschheit noch den Gehorsam; diese Tugenden scheinen mir auch nicht recht männlich zu sein. Und von Frömmigkeit ist bei mir gar nichts mehr übriggeblieben, ich habe seit Jahren nicht gebeichtet noch gebetet noch kommuniziert."* (S. 265)

Sein unersättlicher Lebenstrieb führt ihn während seiner letzten Jahre als Künstler im Kloster wieder für eine Weile auf Wanderschaft, von der er jedoch krank zurückkehrt. Aus Stolz sei er nicht direkt wegen seines Rippenbruchs zurückgekommen. Den Frieden mit Gott glaubt er nicht gefunden zu haben (S. 302); glücklich, da er die „Sinnlichkeit" durch die Kunst beseelen konnte (S. 301), stirbt er im festen Glauben an die Rückkehr zur Mutter.

Narziß und Goldmund: Einheit durch Zweiheit

> *„Narziß ist ebenso wenig der reine Geistmensch wie Goldmund der reine Sinnenmensch – sonst brauchte einer den anderen nicht, sonst schwängen sie nicht beide um eine Mitte und ergänzten sich. Narziß kann das brutale Wort vom Heiligen und Wüstling sagen, und kann am Ende doch das Ganze von Goldmunds Leben liebend bejahen."*[17]

---

17 Brief Hesses an Christoph Schrempf, im April 1931. In: Michels, Volker (Hg.): *Hermann Hesse. Gesammelte Briefe. Zweiter Band, 1922-1979.* Frankfurt am Main: Suhrkamp, 1979, S. 278. In seiner Analyse des Narziß und Goldmund erkennt Adrian Hsia: *„Hesse hat Goldmund als die Verkörperung des Yin- und Narziß als die des Yang-Prinzips dargestellt. Doch sowohl im Yin ist das Yang vorhanden als auch umgekehrt."* (Hsia, Adrian: *Hermann Hesse und China. Darstellung, Materialien und Interpretation.* Frankfurt am Main: Suhrkamp, 1974, S. 260.)

2.5 Sachliche und sprachliche Erläuterungen

Titel[18]

Narziß: Nach der griechischen Sage war Narziß ein schöner Jüngling, der sich in sein Spiegelbild im Wasser verliebte und sich in ungestillter Sehnsucht verzehrte; an seiner Stelle spross aus der Erde die Narzisse hervor. Alle auf den eigenen Körper und die eigene Person gerichteten erotischen Regungen, die Selbstliebe, werden als Narzissmus bezeichnet. Die Psychoanalyse sieht im Narzissmus die frühkindliche Form des Geschlechtstriebes und in krankhaften Fällen die Reaktion auf verletzte Eigenliebe. – Hesses Narziß trägt manche Züge der Selbstliebe, sie ist

18 Die folgenden Angaben stammen weitgehend aus der vorigen Auflage dieses Erläuterungsbandes: Pfeifer, Martin: *Erläuterungen zu Hermann Hesse, Narziß und Goldmund.* Hollfeld: C. Bange Verlag, 1999, S. 32-42.

aber zugleich gepaart mit der Liebe zu Goldmund, weshalb ein strenger Bezug auf den Narziß der griechischen Sage nicht genommen werden kann.

Goldmund: Der Name erinnert an Johannes Chrysostomos (= Goldmund), einen in der zweiten Hälfte des 4. Jahrhunderts n. Chr. lebenden Patriarchen von Konstantinopel, der ein hervorragender Prediger war und als Schutzheiliger der Kanzelredner gilt.

Erstes Kapitel

Mariabronn (S. 7): Hesse schildert hier das ehemalige Zisterzienserkloster Maulbronn, in dem er nach bestandenem Landesexamen vom Herbst 1891 an als Seminarist lebte. Hesse bewohnte damals die Stube Hellas. Am 7. März 1892 floh er aus dem Seminar, wurde jedoch von einem Landjäger gefunden und zurückgebracht. Danach saß er acht Stunden im Kerker ab. Erst im Mai 1892 wurde er aus dem Seminar entlassen.

Welschland (S. 7): Früher besonders für Italien und Frankreich als Nachbarländer Deutschlands gebrauchter Ausdruck.

Subprior (S. 7): Prior ist der Gehilfe eines Abtes oder der Vorsteher eines Klosters; der Subprior ist sein Stellvertreter.

die Welschen und Lateiner (S. 7): die Franzosen und Italiener.

Novize (S. 8):	Mönch oder Nonne während der Probezeit vor der Aufnahme in einen geistlichen Orden.
Pater (S. 8):	Ordensgeistlicher; Plural: Patres.
Magie (S. 8):	bei den Naturvölkern und im alten Morgenland den Priestern zugeschriebene Kunst der Beschwörung von Geistern und Seelen Verstorbener; Zauberei.
Dormente (S. 9):	Schlafsäle.
Bless (S. 16):	Blessbock oder Blesse ist ein Tier mit weißem Stirnfleck; hier wird Bless als Eigenname gebraucht.

Zweites Kapitel

Devotion (S. 19):	Ergebenheit, Unterwürfigkeit.
Euklid (S. 23):	griechischer Mathematiker, der um 300 v. Chr. in Alexandria lebte; er fand die Grundsätze der gewöhnlichen Geometrie.
Stabelle (S. 26):	Schemel, Holzstuhl.
amice (S. 28):	(lat.) Freund; Anredeform.
beneficia (S. 29):	(lat.) Wohltaten, Sondervergünstigungen.
Stoa (S. 29):	Lehre des Zenon, wonach Glückseligkeit nur durch Selbstüberwindung und Gleichmut gegenüber jedem Schicksal zu erreichen ist.

Drittes Kapitel

Dämon (S. 31):	im Altertum und bei den Naturvölkern übernatürliches Wesen.

Aristoteles (S. 34): 384–322 v. Chr.; bedeutender griechischer Denker und Naturforscher in Athen; Schüler Platos und Lehrer Alexander des Großen.

Taufpatron (S. 36): persönlicher Schutzheiliger.

Chrysostomus (S. 36): (griechischer Ausdruck für Goldmund) Johannes Chrysostomus, um 345 geboren, 407 gestorben, war Patriarch von Konstantinopel, ein hervorragender Prediger, er gilt als Schutzheiliger der Kanzelredner; Tag: 27. Januar.

Eva (S. 35/37): Die Frau Adams gilt nach biblischer Auffassung als die Mutter des Menschengeschlechts.

Aristokraten (S. 37): Angehörige des Adels, der Aristokratie.

Asket (S. 39): ein streng enthaltsamer Mensch.

Kapitäl (S. 40): auch Kapitell, oberer Säulenabschluss, Pfeilerabschluss.

Liturgie (S. 41): die festgelegte Ordnung des Gottesdienstes.

Viertes Kapitel

Intimus (S. 50): vertrauter Freund.

Prosit! (S. 56): (lat.) Es möge nützen! Trinkspruch.

Fünftes Kapitel

Disputierlust (S. 59): Lust zu angeregtem Wortwechsel.

Madonna (S. 61): Bezeichnung der heiligen Jungfrau Maria.

Initial (S. 62):	auch Initiale, ein hervortretender großer und verzierter Anfangsbuchstabe in alten Handschriften oder Drucken.
Ave (S. 62):	Sei gegrüßt! Leb wohl!
Theta (S. 63):	griechischer Buchstabe.
Omega (S. 63):	letzter Buchstabe des griechischen Alphabets.
Homer (S. 63):	der älteste griechische Dichter, er soll nach der Überlieferung im 8. Jahrhundert v. Chr. gelebt haben.
Petrus (S. 63):	Fischer aus Kapernaum, Jünger und Apostel Jesu, 64. n. Chr. unter Nero in Rom gekreuzigt. Die katholische Kirche sieht in Petrus den ersten Bischof von Rom und Stellvertreter Christi auf Erden. Hier Bezugnahme auf Matth. 14, 28-31.
Exerzitien (S. 66):	geistliche Übungen.
Refektorium (S. 69):	Speisesaal in Klöstern.

Sechstes Kapitel

Brachfeld (S. 72):	das brach liegende Feld, Flurteil bei der Dreifelderwirtschaft.
Vigilien (S. 76):	Nachtwachen; in der alten Kirche frei gestaltete Gottesdienste in der Nacht vom Sonnabend und vor hohen Festen, später in feste Form gebracht und auf den Vortag verlegt; in der katholischen Kirche die durch eigenen Gottesdienst und vielfach durch Fasten gekennzeichneten Vorbereitungstage vor höheren Festen.

Minister verbi divini (S. 80): (lat.) Diener für das göttliche Wort.

Siebtes Kapitel

die heilige Genoveva (S. 87): Nonne, geboren um 422, gestorben 512, katholische Schutzpatronin von Paris; Tag: 3. Januar.

Vergil (S. 97): römischer Dichter, der von 70 bis 19 v. Chr. lebte.

Achtes Kapitel

Consecutio temporum (S. 102): (lat.) die Zeitenfolge; grammatischer Ausdruck.

Söller (S. 104): erhöhter offener Saal; Vorplatz im oberen Stockwerk eines Hauses; offener Dachumgang.

Tota pulchra es (...) (S. 114): (lat.) Ganz schön bist du, Maria,
In dir ist nicht der Erbschuld Makel.
Du bist die Freude Israels,
Du bist die Fürsprecherin der Sünder!
Verse 1 und 2 aus dem Graduale (Stufengesang) zum Fest der unbefleckten Empfängnis der allerseligsten Jungfrau Maria am 8. Dezember; daraus umgestellt, auch Vers 3 (Übersetzung nach dem vollständigen Römischen Messbuch).

Neuntes Kapitel

Ried (S. 124):	Moor.
König Saul (S. 126):	der erste israelitische König, er lebte um 1000 v. Chr.; er verfiel später in Schwermut.
kreißen (S. 127):	in Geburtswehen liegen.
Schnapphahn (S. 128):	Wegelagerer.
in saecula saeculorum (S. 129):	(lat.) in alle Ewigkeit.
Vagantenlatein (S. 129):	das nicht ganz einwandfreie Latein wandernder Geistlicher oder Schüler.
Weiler (S. 129):	Gehöft, kleine dörfliche Siedlung.
Tribut (S. 129):	erzwungene Abgabe.
Paviaschlacht (S. 129):	In der Schlacht von Pavia am 24. Februar 1525 wurde König Franz I. von Frank-reich von den Truppen Kaiser Karls V. besiegt.
Lied von der Paviaschlacht (S. 129):	Volkslied auf den höchsten Ehrentag der deutschen Landsknechte, den Sieg von Pavia über die Schweizer Reisläufer (Söldner), die damals als die besten Soldaten galten.
Bramarbas (S. 133):	Großsprecher, Prahlhans.
Vagant (S. 135):	Fahrender; umherziehender Sänger, Spielmann und Dichter; wandernder Geistlicher; fahrender Schüler im Mittelalter.
Schnappsack (S. 136):	Sack für Mundvorrat; hier im übertragenen Sinne: Spitzbube.

Vesper (S. 137): Nachmittags- bzw. Abendandacht.

Matutine (S. 137): die Frühmesse.

Freund Hein (S. 137): Hüllwort für Tod; diese Bezeichnung stammt von Matthias Claudius.

Heirassasa (S. 137): hier: Bezeichnung für den Tod.

Kienspan (S. 137): ein Span harzreichen Holzes.

Zehntes Kapitel

eine der schönsten und berühmtesten Straßen des Reiches (S. 141): Es handelt sich hier vermutlich um die Handelsstraße von Frankfurt über Würzburg nach Nürnberg.

Meister Niklaus (S. 145): Es ist nachweisbar, dass Meister Niklaus dem Bildhauer und Bildchnitzer Tilmann Riemenschneider (um 1460–1531) nachgebildet ist.

Bischofsstadt (S. 145): Obwohl Hesse keine Namen nennt, ist anzunehmen, dass es sich um die alte Bischofsstadt Würzburg handelt. Das Bistum Würzburg wurde 741 von Bonifatius gestiftet.

Elftes Kapitel

Aorist (S. 157): die Form des Zeitworts für eine in der Vergangenheit tatsächlich erfolgte Handlung; im Griechischen die erzählende Zeitform.

Magdalena (S. 160): Maria von Magdalena, Begleiterin Jesu, die büßende Magdalena der Legende und Kunst; katholische Schutzheilige der Büßerinnen; Tag: 22. Juli.

Spanne (S. 161): ein natürliches Maß, der Abstand zwischen der Spitze des Daumens und des Mittelfingers bei gespreizter Hand.

Probst (S. 163): erster geistlicher Würdenträger in Dom- und Stiftskapiteln, auch Titel des Pfarrers geschichtlich bedeutsamer Pfarreien.

Brokat (S. 163): gold- oder silberdurchwebte Seide.

Ornament (S. 169): Schmuckform, Verzierung.

Zwölftes Kapitel

Trüsche (S. 178): auch Aalraupe, einziger Süßwasserschellfisch Europas.

Rotauge (S. 178): eine Fischart.

der heilige Sebastian (S. 181): Märtyrer, katholischer Schutzheiliger der Schützen; Tag: 20. Januar. Er wurde nach der Überlieferung von mauretanischen Schützen mit 1000 Pfeilspitzen durchbohrt.

Dreizehntes Kapitel

der heilige Gallus (S. 190): Ire, um 645 gestorben; er predigte das Christentum in Alemannien; gründete das Kloster St. Gallen; katholischer Heiliger, Tag: 16. Oktober.

Hofstatt (S. 192): Haus mit Umgebung.
Kotzen (S. 194): grober Wollstoff.
Walstatt (S. 194): Schlachtfeld, Kampfplatz.

Vierzehntes Kapitel

Spitalbüttel (S. 213): Gehilfen im Kranken- oder Pflegehaus oder Altersheim.
oder es sollten die Juden sein (S. 214): Während der großen Pestepidemie in Europa um 1350, aber auch, wenn später Hungersnöte und Seuchen auftraten, wurden die Juden verantwortlich gemacht und mussten mitunter grausame Verfolgungen erleiden.
Fiedel (S. 214): Geige; auch Attribut des Todes.
als Jüdin erkennen (S. 217): erneuter Hinweis darauf, dass den Juden die Schuld an der Pest gegeben wurde.
buhlen (S. 219): lieben; heute meist in abfälliger Bedeutung.

Fünfzehntes Kapitel

Sakrament (S. 229): Gnadenmittel der Kirche.
Kebse (S. 230): Nebenfrau.
Klepper (S. 231): dürres, hageres, auch schlechtes Pferd.
Schinderknechte (S. 231): Leichenbeseitiger.

Orgie (S. 231): auschweifendes Gelage.

Bollwerk (S. 232): frühere Bezeichnung für Befestigungswerke.

Sechzehntes Kapitel

Mummenschanz (S. 242): Maskenfest.

Siebzehntes Kapitel

responsieren (S. 253): respondieren: antworten, entsprechen, widerlegen.

Renomistentum (S. 255): Aufschneiderei.

der heilige Thomas (S. 260): hier Thomas von Aquino, 1225 bis 1274; Dominikaner; der bedeutendste Vertreter der Scholastik, der die Lehre des Aristoteles mit der christlichen Lehre zu verschmelzen suchte; katholischer Heiliger; Tag: 7. März.

kommunizieren (S. 265): das Abendmahl empfangen.

Achtzehntes Kapitel

Laie (S. 268): Nichtgeistlicher.

Mystiker (S. 271): Anhänger der Mystik, einer Frömmigkeitsform, welche die Einheit mit Gott schon im Leben wenigstens zeitweise voll erleben zu können meint.

Potenz (S. 273): Macht, Leistungsfähigkeit, innewohnende Kraft.

Apathie (S. 276): Gleichgültigkeit, Teilnahmslosigkeit.

Patriarchen (S. 277): die Stammväter Israels: Abraham, Isaak und Jakob.

Neunzehntes Kapitel

subtil (S. 293): spitzfindig; auch: zart, fein.

Zwanzigstes Kapitel

Sankt Jakob (S. 296): Jakobus der Ältere, Apostel; Sohn des Zebedäus; Bruder des Evangelisten Johannes, 44 n. Chr. hingerichtet; Gedenktag: 25. Juli

2.6 Stil und Sprache

Sprachliches Mittel	Erklärung	Textbeleg
Metapher[19] (märchenhafter Stil)	Ein Wort oder eine Wortgruppe werden aus dem gewohnten Bedeutungszusammenhang auf einen anderen übertragen. Metaphorische Redeweise kann sich auch auf einen Satz oder auf Redezusammenhänge ausdehnen.	S. 24: „Da schien alles schon zu schlafen, bleich schimmerten die niederen Giebel, von den dunklen Rippen des Gebälks durchwachsen (...)"
Neologismus	Wortneuschöpfung	S. 81: „Goldmundwege"
Anapher	Wiederholung desselben Wortes oder derselben Wortgruppen am Anfang mehrerer aufeinander folgender Sätze.	S. 80: „Ihm lag es nicht ob, diese schönen und schauerlichen Rätsel und Verwirrungen zu ergründen und Wichtiges darüber zu sagen. Ihm lag nichts ob, als (...) weiterzugehen. Ihm, lag nichts ob, als sich hinzugeben und zu lieben (...)."

19 vgl. hierzu: Matzkowski, Bernd: *Wie interpretiere ich? Grundlagen der Analyse und Interpretation einzelner Textsorten und Gattungen mit Analyseraster.* Hollfeld: C. Bange, 1997, S. 118-120.

Sprachliches Mittel	Erklärung	Textbeleg
Parallelismus	Wiederholung derselben Satzteilreihenfolge in zwei oder mehreren aufeinander folgenden Sätzen.	S. 8: „Zuzeiten war das Kloster berühmt und besucht wegen seiner Teufelsbanner und Dämonenkenner, zuzeiten wegen seiner ausgezeichneten Musik, zuzeiten wegen eines heiligen Vaters (...), zuzeiten wegen seiner Hechtsuppen (...)."
Klimax	Anordnung einer Wort- oder Satzreihe nach stufenweiser Steigerung im Aussageinhalt.	S. 55: „*Er sah*, er war sehend geworden. *Er sah sie*. Er sah die Große, Strahlende, mit dem voll blühenden Munde, mit den leuchtenden Haaren. *Er sah* seine *Mutter*."
Rhetorische Frage	Frage, auf die keine Antwort erwartet wird.	S. 172: „Vielleicht war es also doch der Mühe wert, sein ganzes Leben in den Dienst der Kunst zu stellen, (...), nur um einmal etwas so Schönes hervorzubringen, das (...) bis ins letzte mit sicherer Meisterschaft gekonnt war? Dies war eine große Frage."

Sprachliches Mittel	Erklärung	Textbeleg
Antithese	Behauptung, die im Gegensatz zu einer bestehenden These aufgestellt wird. Gegenüberstellung gegensätzlicher Begriffe und Gedanken.	S. 47: „Eure Heimat ist die Erde, unsere die Idee. Eure Gefahr ist das Ertrinken in der Sinnenwelt, unsere das Ersticken im luftleeren Raum. Du bist Künstler, ich bin Denker. (...) Mir scheint die Sonne, dir scheinen Mond und Sterne (...)"
Dichotomie	Zweiteilung	S. 63: „er liebt das Seiende, nicht das Werdende, das Wirkliche und nicht das Mögliche."
Kopplung von Sätzen und Paarung von Satzgefügen		Vgl. den ersten Abschnitt, Kapitel 1
Dialektisches Sprechen (siehe Antithese)	Gegensätzliche Begriffe und Gedanken treten satzweise und abschnittsweise zusammen.	S. 33: „Ein Sehender und ein Blinder"
Rückgriff	Etwas bereits Gesagtes wird noch einmal aufgegriffen.	S. 66: „Auch daß ich dich an deine Mutter erinnerte, hat zuerst weh getan, sehr weh, man fand dich wie einen Toten im Kreuzgang liegen."

Sprachliches Mittel	Erklärung	Textbeleg
Vorgriff	Behandlung eines Aspektes, der später ausführlich thematisiert werden soll.	S. 65: „Er hat begonnen, dich zu deiner Mutter zurückzuführen und wird dich ihr noch näher bringen."

2.7 Interpretationsansätze

2.7.1 Kunst als Medium der Einheit

Kunst als Medium zur Vereinigung der menschlichen Grundtriebe

Die leitende Problematik der Erzählung ist die Vereinigung der ewigen Gegensätze, Geist und Leben oder Sinnlichkeit und Rationalität. Bereits Fausts Klage: „Zwei Seelen wohnen, ach! in meiner Brust" (V. 1112) bringt die Neurose des intellektuellen Menschen auf den Punkt. Hermann Hesse scheint in der Kunst das Medium gefunden zu haben, durch welches die harmonische Vereinigung der menschlichen Grundtriebe möglich ist. Zu dieser Feststellung kommt unter anderem Peter Hamecher in seiner Analyse der Erzählung:

> *„Im Kunstwerk hebt sich die unlösbare Zweiheit von Geist und Leben auf. Spät sitzen Goldmund und der Abt Johannes, der einst Narziß war, zusammen. Jeder hat sein Lebensschicksal aus dem innersten Müssen, aus den mitgegebenen Kräften erfüllt. Und nun reden sie von der Kunst. Beide: der Künstler wie der Mensch der Abstraktion erkennen, dass sie auf verschiedenen Wegen auf den krummen, viel verschlungenen der eine, auf den geraden, behüteten der andere, dasselbe Ziel gesucht: den Sinn, das Geheimnis des Seins. Aber der Künstler kam ihm*

doch näher. Nur er findet, erlebend, schauend, die Einheit. Und: ‚Die Kunst ist unschuldiger', gesteht Narziß. So endet das Werk mit dem Triumph der Kunst, in der Geist und Leben, die ewig getrennten, wirklich eins werden."[20]

2.7.2 Motivverbindungen in *Narziß und Goldmund*

Anknüpfungen an *Demian* und *Faust*

Eine Möglichkeit zur Deutung des Romans ist seine Einordnung in das Lebenswerk des Dichters. Der Vergleich typischer Leitmotive und Themen sowohl in Hesses Gesamtwerk als auch über dieses hinaus ist ein effektiver Weg, um neue Einsichten über die Gedankenwelt Hesses zu erlangen. So findet zum Beispiel Wilhelm Kunze in seiner Untersuchung des *Narziß und Goldmund* deutliche Anknüpfungen an Hesses *Demian* sowie an Goethes *Faust*. Solche Verbindungen können auch nützlich für eine Unterrichtsgestaltung sein.

„‚Narziß und Goldmund' (...) bringt nach zehn Jahren auf erhöhter Stufe fast die gleichen Motive, helle und dunkle, die einst den ‚Demian' durchlebten. (...) Narziß und Goldmund sind zwei Gestalten wie Kain und Abel mythische Gestalten sind. Es sind zwei Welten, – dieselben ‚zwei Welten' der ruhigen geordneten Sicherheit und des lockenden wilden Lebens, wie sie im Beginn des Demian-Romans erstehen. Hier aber werden sie geklärt, bei Namen genannt: es ist das väterliche und mütterliche Prinzip des Lebens, die Welt des Geistes und die Welt der Seele. ‚Heim kommt man nie', sagt die Mutter Eva im ‚Demian' zu Sinclair. Und auch Goldmund ist, wie Sinclair, einer der Heimatlosen, die ein ‚kindliches und tapferes, ein ärmliches und starkes Leben' führen. (...) Mehr als Sinclair folgt Goldmund

20 Peter Hamecher, Berliner-Börsen-Zeitung, Nr. 116, 1930. In: Hsia, Adrian (Hg.): *Hermann Hesse im Spiegel der zeitgenössischen Kritik*. Bern: A. Francke AG, 1975, S. 322.

dem ‚Ruf der Mutter'. Und selbst als er seine künstlerische Begabung entdeckt und sich rühmlich betätigt hat, ist er sich dessen bewusst, dass der Ruf der Mutter höheren Gehorsam verlangt als alle künstlerische Bestimmung: ‚Die Kunst war eine schöne Sache, aber sie war keine Göttin und kein Ziel, für ihn nicht; nicht der Kunst hatte er zu folgen, nur dem Ruf der Mutter'. Er führt zum Leben, dieser Ruf, er führt zur Tiefe, er führt zum Geheimnis. (...) Und wie Faust zu den Müttern geht, die ‚des Lebens Bilder' umschweben, wie Faust durch ‚Graus und Wog' und ‚Welle der Einsamkeiten' geführt wird, die Mephisto als ‚Nichts', Faust aber als ‚All' empfindet, so führt der Weg Goldmunds durch Tiefen des menschlichen Lebens, durch Ängste und Grauen, durch Leidenschaften und Leiden – zu den Müttern, zu den ‚Urbildern' (...).“[21]

2.7.3 Die Idee des Vollkommenen

Psychologisch-philosophische Erkenntnisse stehen in allen Werken Hesses im Vordergrund, so auch die Annäherung an die *Idee des Vollkommenen*, deren Gestaltung im *Narziß und Goldmund* Günter Baumann hervorhebt:

„In einem Gespräch weist Narziß Goldmund darauf hin, dass ein vollkommenes Menschtum unerreichbar und das menschliche Leben deshalb ein ewiges Unterwegssein ist: »Das vollkommene Sein ist Gott. Alles andere ist nur halb, ist teilweise (...) es gibt für uns keine Vollkommenheit, kein völliges Sein.« [S. 272–273]
Zwei dieser Annäherungen an die Idee des Vollkommenen sind Narziß und Goldmund – und zwar auf diametral verschiedene Weise. Goldmund nähert sich der Vollkommenheit über das Leben und die Kunst. Der Preis dieser existenziellen Grundhal-

21 Wilhelm Kunze, Nürnberger Zeitung Nr. 94 vom 23. 4. 1930. Ebd., S. 323f.

tung ist seine ewige Ruhelosigkeit, die ihn vor der Vergänglichkeit des Lebens in die Kunst und vor der Stagnation in einem sesshaften Künstlerdasein wieder ins Leben fliehen lässt. Narziß dagegen versucht eine geistig-religiöse Annäherung an die Idee des Vollkommenen. Er begreift sein Leben als eine unendliche Annäherung an Gott. Der Preis dieser Lebenshaltung ist die fehlende Verwirklichung des mütterlichen Lebensprinzips, und so kommt es, dass der frühere Führer von Goldmund am Ende des Romans selbst zum Geführten wird, wenn der sterbende Goldmund seinen Freund auf seine unrealisierte Anima hinweist: »Aber wie willst du denn einmal sterben, Narziß, wenn du doch keine Mutter hast? Ohne Mutter kann man nicht lieben. Ohne Mutter kann man nicht sterben.«[S. 305]"[22]

2.7.4 Goldmund und die Frauen

Hermann Hesse beschreibt das Verhältnis seines Protagonisten zu den Frauen folgendermaßen:

> *„Wenn Goldmund, ohne etwas hinzuzulernen, ohne seine Erlebnisse konsequent durchzudenken, immer wieder zu den Frauen läuft, so ist das für mich etwa so, wie wenn eine Biene immer und immer wieder zu den Blumen fliegt, immer wieder der gleichen dunklen Anziehung folgend einen Tropfen Saft mitnimmt, ihr Verhältnis zu den Blumen nie vertieft und vergeistigt, dafür aber zuhause, die Blumen schnell vergessend, ihren Honig macht: sie tut auch das nicht aus irgend edlen und sehr bewußt werdenden Antrieben, sondern ebenfalls zwanghaft, weil es der Bienenstock, weil es die Zukunft und Nachkommenschaft von ihr verlangt, weil sie irgendwie dienen und sich hingeben muß. So dient Goldmund nicht der Frau, und dient nicht*

22 Limberg (Hg.), S. 56.

der Beseelung seiner Liebe, sondern er trinkt bei der Frau, als der für ihn wirksamsten Quelle der Natur, den Tropfen Erlebnis, den Tropfen Lust und Qual, aus dem er, wenn die Zeit dafür da ist, seine Werke machen wird, seinen Honig."[23]

23 Brief an Helene Welti, im April 1931. In: Michels (Hg.), *Gesammelte Briefe*, S. 277.

3. Themen und Aufgaben

1) Thema: Suche nach Einheit/Individuation

Textgrundlage: Kapitel 1, 2, 4, 6, 13, 14, 17

- Diskutieren Sie das Thema der Individuation im Kontext der Zeitgeschichte. — Lösungshilfe: *siehe 1.2, 2.1*
- Erläutern Sie den Begriff der *Seelenbiographie*. — *siehe 2.3*
- Arbeiten Sie Elemente der *Seelenbiografie* in der Kompositionsstruktur heraus. — *siehe 2.3.1, 2.3.2*
- Beschreiben Sie den Lebensweg des Protagonisten im Kontext der Romankomposition. — *siehe 2.2, 2.3, 2.3.1*
- Erarbeiten Sie die Funktion Narzißens für den Gang der Handlung. — *siehe 2.3.1*
- Erarbeiten Sie die Funktion des Mutterbildes für den Gang der Handlung. — *siehe 2.3.1*
- Beschreiben Sie das dialektische Verhältnis der zwei Handlungsstränge und erläutern Sie dessen Funktion für den Handlungsverlauf. — *siehe 2.3.1*
- Analysieren Sie den allgemeinen Erzählverlauf am Beispiel von Kapitel 8. — *siehe 2.3.1*

2) Thema: Dichotomie von Geist und Natur

Textgrundlage: Kapitel 1, 2, 4, 8, 12, 15, 20

- Erläutern Sie das dialektische Prinzip vor dem Hintergrund der Kompositionsstruktur. — Lösungshilfe: *siehe 2.3.2, 2.4, 2.5*

▶ Charakterisieren Sie Narziß.	*siehe 2.4*
▶ Charakterisieren Sie Goldmund.	*siehe 2.4*
▶ *Einheit durch Zweiheit* – Analysieren Sie das Verhältnis von Narziß und Goldmund vor dem Hintergrund der Geist-Natur-Dichotomie.	*siehe 2.3.2, 2.4*

3) Thema: Selbstschau, Erkenntnis, Läuterung	Textgrundlage: Kapitel 5, 6, 12, 20
▶ Erläutern Sie diese drei Entwicklungsstufen des Protagonisten im Kontext der Romankomposition.	Lösungshilfe: *siehe 2.3.1*
▶ Analysieren Sie die Entwicklung des Urmutterbildes.	*siehe 2.3.2*
▶ Beschreiben Sie die Bedeutung der *Urmutter* für den Handlungsverlauf der *Seelenbiografie*.	*siehe 2.3.2*

4) Thema: Kunst/Einheit	Textgrundlage: Kapitel 10, 11, 19, 20
▶ Erläutern Sie die Bedeutung der Kunst für Goldmund.	Lösungshilfe: *siehe 2.4, 2.7.1, 5.2*
▶ Kunst als Medium der Einheit? Nehmen Sie Stellung zu dieser Frage vor dem Hintergrund des dargestellten Künstlerlebens.	*siehe 2.4, 2.7.1, 2.7.3, 5.2*
▶ Wie nähern sich die Protagonisten der *Idee des Vollkommenen*?	*siehe 2.7.3*
▶ Beschreiben Sie Goldmunds Verhältnis zu den Frauen und nehmen Sie Stellung dazu.	*siehe 2.2, 2.4, 2.7.4, 5.2*

4. Rezeptionsgeschichte

Thomas Mann lobt die Aktualität

Im Jahre **1929**, unmittelbar nach der ersten Veröffentlichung des Werkes in der *Neuen Rundschau*, betont **Thomas Mann** die **Aktualität** des *Narziß und Goldmund* **trotz** seiner **Zeitlosigkeit**:

„[Narziß und Goldmund] setzt mit großer sprachlicher Schönheit ein und scheint in einer mittelalterlichen Zeitlosigkeit zu schweben, die dem poetischen Bedürfnis dieses der rohen Aktualität widerstrebenden Geistes entspricht, ohne darum seine schmerzliche Fühlung mit den Problemen der Gegenwart zu verleugnen."[24]

Paul Rilla (1930) lobt Hesses *Narziß und Goldmund* als **Gegenentwurf zu** der politischen und geistigen **Zerrissenheit der Zeit**:

„Seine neue große Erzählung ‚Narziß und Goldmund' bedeutet abermals eine strenge Summe geistiger Erkenntnis und schöpferischen Erlebens, – einen Reichtum an Weltwissen und Weltgestaltung, der umso erregender wirkt, je gelassener und gedämpfter er sich im Fluss der Erzählungen spiegelt. (...) Entzieht sich Hermann Hesse den Aufgaben der Zeit? Er erfüllt seine Aufgabe: der Zeit das Kräftespiel der ewigen Lebensmächte entgegenzuhalten, im fliehenden, zerrinnenden Tagesspuk das Urbild des Daseins und alle schöpferischen Elemente der künstlerischen Verzauberung rein zu bewahren. Wo es galt, sich im politischen und geistigen Wirrwarr der Zeit zu bekennen und zu entscheiden, da hat Hermann Hesse seiner Gewissenspflicht

24 Thomas Mann im Vorwort zum Katalog *Utländska Böcker* 1929. In: Unseld, Siegfried (Hg.): *Hermann Hesse. Werk und Wirkungsgeschichte*. Frankfurt am Main: Suhrkamp, 1986, S. 139.

> *Genüge getan wie kaum einer unter den Schreiern einer lärmenden Zeitgemäßheit."*[25]

Max Herrmann-Neiße (1930) schätzt die **Erzählung als Poesie**, als „unzeitgemäße Poesie", da sie nicht mit der Reportage wetteifere, sich nicht um Aktualität kümmere und nicht mit „politischer Tendenz, verrücktem Getu oder Pikanterie"[26] kitzele.
Als die **„innigste Gestaltung des Don Juan- und Casanova-Motivs"** bezeichnet **Heinrich Wiegand (1930)** die Erzählung Hesses und beschreibt sie folgendermaßen:

> *„Während der grandiose Don Juan seine Rechtfertigung erst durch Mozarts Musik fand, der leichtere Casanova durch das Sittendokument seiner Erinnerungen, erfährt sie* **Goldmund** *durch sein Künstlertum. Die Liebeshandlungen sind mit ebensolcher Kühnheit wie unendlicher Zartheit beschrieben – jemand hat davon gesagt: Es sei, als küssten sich die Sätze. In dieser Prosadichtung höchsten Anspruches, die in die Reihe der klassischen deutschen Entwicklungsromane sich aufs Persönlichste einfügt, ist formal alles aufs Glückhafteste ausgewogen. Neben den Süßigkeiten des Erotischen steht die düstere Gewalt der Pestschilderungen, die atmosphärische Dichte der Naturstimmungen. Die bunte glühende Abenteuerwelt umfasst der geistige Ring der Gespräche. In ihnen ruht eine Fülle der Weisheit, der Lebens- und Liebeserfahrung; die Biologie des Künstlers und das Wesen des Kunstwerkes werden authentisch dargestellt."*[27]

---

25 *Hermann Hesse, Die Zeit und die Kunst, Breslauer Neueste Nachrichten vom 5. Mai 1930.* In: Unseld (Hg.), S. 135.

26 Max Hermann-Neiße in *Die Literarische Welt* 6, Nr. 23, 1930. In: Unseld (Hg.), S. 137.

27 Heinrich Wiegand in *Leipziger Volkszeitung*, 12. Juli 1930. In: Unseld (Hg.), S. 137.

Oskar Loerke (1930) hebt die Darstellung der **Gespaltenheit des menschlichen Wesens** in den Protagonisten hervor und lobt den **„reinen" Erzählstil** des Romans:

Oskar Loerke hebt Darstellung und Stil hervor

„*Die Spaltung unseres Wesens, das sich nach Hoheit und Ruhe, nach Vernunft und Nüchternheit des Wissens sehnt und zugleich nach gottlosem Rausch und sinnenfreudiger Hingebung an die Welt, wird in den beiden Hauptgestalten dieses Buches anschaulich: Narziß, der klar und streng um den letzten Sinn Bemühte, der geborene Lehrer und Weise, der Mönch und Abt – Goldmund, der ewig umgetriebene Lebensschüler, der selige Abenteurer des leiblichen Daseins, der Liebende, der Träumer und Bildner, der Todfeind der Besitzenden und Sesshaften. Wie die beiden Freundschaft schließen, in langer Trennung vorbestimmte Wege gehen und sich zum Abschied auf immer wiederfinden, das ist hier bezaubernd rein und im Tonfall schwermütigen Glücks erzählt.*"[28]

Eckart Kleßmann kritisiert den Roman als „vollgestopft mit Trivialitäten" und beschreibt ihn als **Geheimnis ohne Duft**:

Kleßmann kritisiert den Roman

„*Und wo bleibt das* Geheimnis *dieses Buches? (...) – ein Buch ohne Geheimnisse, doch vollgestopft mit Trivialitäten. Dabei entspricht der schablonenhaften Erfindung eine verkümmerte, abgenutzte Sprache, die von ‚der Nähe dieser blühenden lichten Blondheit' reicht bis zu ‚seinem überströmenden Herzen, mit seiner blühenden Liebesberauschtheit' und dem inflationären Gebrauch eines so verbrauchten Wortes wie ‚hold' (...) Dieser Roman, in dem so schulmeisterlich penetrant von Sinnlichkeit geredet wird, ist ein Buch ohne Gerüche. Was immer in dieser*

28 Oskar Loerke 1930 in der Verlagsankündigung, ebd.

Welt des Mittelalters – beredet, nicht gestaltet – vor sich geht: Jeder Duft, jeder Gestank ist aus den Seiten hinausdesodoriert. Das beschriebene Grauen riecht nicht nach Blut und Todesangst, die Werkstatt nicht nach Leim und Holz, die Liebe nicht nach Lust, die Wiese nicht nach Heu. Aus diesem Roman wurden die Sinne gründlich ausgetrieben und ersetzt durch eine austauschbare Sprache, die ‚das bange Schlagen des Herzens, den wehen Stachel der Sehnsucht' mit Poesie verwechselt."[29]

Curtius preist die Verschmelzung von Romantik und Realistik

Ernst Robert Curtius lobt die **Verschmelzung von Romantik** und Realistik in höchsten Tönen:

„Das Ganze ist ein wundervoll farbiges Bild aus deutschem Mittelalter, in dem Romantik und Realistik verschmolzen sind. Fruchtig, duftend, rund, in sich selbst ruhend, ohne Lehrhaftigkeit und ohne Problematik; buntes Gewebe ewiger Lebensmächte, getränkt mit zauberischen Essenzen, die uns an Arnim, Tieck, Novalis gemahnen – aber durch geheime Blutsverwandtschaft, nicht durch literarische Anleihen (...)."[30]

Benn ist verblüfft über die Lobpreisung

In einem Brief an Ernst Robert Curtius äußert **Gottfried Benn (1950)** seine **Verblüffung über die Lobpreisung** des Hesse'schen Romans durch Curtius:

„[Hesse] empfand ich immer als einen durchschnittlichen Entwicklungs-, Ehe- und Innerlichkeitsromancier – eine typisch deutsche Sache, auch sind mir Menschen, die immer an Nervenkrisen leiden, nicht angenehm. Aber andererseits zeigt gerade Ihre Studie über H. besonders klar das Ambivalente Ihrer literarischen Analysen: im Vordergrund Wohlwollen, Zustim-

29 Kleßmann, Eckart: *Geheimnis ohne Duft.* In: Reich-Ranicki, Marcel (Hg.): *Romane von gestern – heute gelesen. 1918–1933.* Frankfurt am Main: S. Fischer, 1998, S. 234-235.
30 Unseld (Hg.), S. 137.

> *mung, Anerkennung, und im Hintergrund ein diabolisches Fragezeichen. Das wird wohl immer so sein, wenn ein überlegener Bedeutender sich mit einem Unbedeutenderen beschäftigt.*"[31]

Wie in den meisten großen Erzählungen Hesses stelle der Autor auch in *Narziß und Goldmund* **zwei Möglichkeiten des Menschlichen** nebeneinander, so **Joseph Mileck (1979)**, **das ideale Mögliche** und **das dubiose Tatsächliche**. Goldmund sei offensichtlich das Mögliche und Narziß das Tatsächliche[32].

31 Ebd.
32 Unseld (Hg.), *Werk- und Wirkungsgeschichte*, S. 139.

5. Materialien

5.1 Zum gemeinsamen Sinn im Werk Hesses

Die folgende Äußerung Hermann Hesses über den Sinn seiner Dichtungen fasst die sein Gesamtwerk kennzeichnenden Leitthemen zusammen. Der Dichter bezeichnet sich selbst als *Anwalt* für die Persönlichkeit des Individuums, deren Unterdrückung durch die Gesellschaft er persönlich nachempfinden kann. Sein Werk dient den *nicht Gleichgeschalteten* in der Welt zur Ermutigung.

„Meine Dichtungen sind alle ohne Absichten, ohne Tendenzen entstanden. Wenn ich aber nachträglich nach einem gemeinsamen Sinn in ihnen suche, so finde ich allerdings einen solchen: vom ‚Camenzind' bis zum ‚Steppenwolf' und ‚Josef Knecht' können sie alle als eine Verteidigung (zuweilen auch als Notschrei) der Persönlichkeit, des Individuums gedeutet werden. Der einzelne, einmalige Mensch mit seinen Erbschaften und Möglichkeiten, seinen Gaben und Neigungen ist ein zartes, gebrechliches Ding, er kann wohl einen Anwalt brauchen. Und so wie er alle großen und starken Mächte gegen sich hat: den Staat, die Schule, die Kirchen, die Kollektive jeder Art, die Patrioten, die Orthodoxen und Katholiken aller Lager, die Kommunisten oder Faschisten nicht minder, so habe ich und haben meine Bücher immer alle diese Mächte gegen sich gehabt und bekamen ihre Kampfmittel, die anständigen wie die brutalen und gemeinen, zu spüren. Es wurde mir tausendmal bestätigt, wie gefährdet, schutzlos und angefeindet der Einzelne, der nicht Gleichgeschaltete in der Welt steht, wie sehr er des Schutzes, der Ermutigung, der Liebe bedarf."[33]

---

33 Unseld (Hg.), Vorwort.

5.2 Zum *Künstlersein*

In einem Brief an Christoph Schrempf apelliert Hesse an den Adressaten, in Goldmunds Leben nicht nur die flüchtigen Beziehungen zu verschiedenen Frauen zu betrachten, sondern vor allem die *Kunst*, das *Künstlersein* des Protagonisten zu werten. Nicht nur die eine Hälfte der Figur, sondern die Figur als ein Ganzes sei zu betrachten.

„Sie werten in Goldmunds Leben die Kunst, das Künstlersein, überhaupt nicht. Daß Goldmund das, was er bei den Frauen nicht konnte, in der Kunst fertigbringt: die Beseelung des Sinnlichen und dadurch das Erreichen des Schönen – das existiert für Sie überhaupt nicht. Und ebenso sehen Sie in meinen Worten an Frau E. allzusehr nur den Artisten, den Erzähler, der sich seiner Aufgabe rein formal möglichst gut entledigen will, der sein Gewissen, statt gegen das Leben, nur gegen das Können anwendet. Dem ist nicht so, weder Goldmund ist so, noch bin ich so. (…) Wir beide, Goldmund und ich, sind das Gegenteil von vorbildlichen Menschen, und darum sind wir beide auch nur Hälften. Goldmund ist erst mit Narziß (oder doch mit seiner Beziehung zu Narziß) zusammen ein Ganzes. Ebenso bin ich, der Künstler Hesse, der Ergänzung bedürftig durch einen Hesse, der den Geist, das Denken, die Zucht, sogar die Moral verehrt, der pietistisch erzogen ist und der die Unschuld seines Tuns, auch seiner Kunst, immer wieder aus moralischen Verwicklungen heraus neu finden muß. Es ist dem Goldmund ebenso unmöglich wie mir selber, mein Leben, z. B. meine Beziehung zur Frau, durch das zu reinigen und zu fördern, was Sie denken nennen. Ich habe, wie Goldmund, zur Frau ein naiv sinnliches Verhältnis, und würde wahllos lieben wie Goldmund, wenn nicht eine angeborene, anerzogene Achtung vor der Seele des Mitmenschen (also der Frau) und eine ebenso anerzogene Scheu vor dem bedenkenlosen Sichhingeben an die Sinne mich zügeln würde."[34]

---

34 Brief an Christoph Schrempf, April 1931. In: Unseld (Hg.), S. 134.

5.3 Zur Leitthematik

Menschsein als ein ewiges Unterwegssein gestaltet Hermann Hesse am ausführlichsten in seinem Spätwerk *Das Glasperlenspiel* (1943), welchem folgendes Gedicht entstammt. *Stufen* ist nicht nur der ‚Schlüssel' zur Deutung des *Glasperlenspiels*, sondern auch als Ergänzung ein guter Zugang zur Analyse der anderen Werke, insbesondere des *Narziß und Goldmund*.

Stufen
Wie jede Blüte welkt und jede Jugend
Dem Alter weicht, blüht jede Lebensstufe,
Blüht jede Weisheit auch und jede Tugend
Zu ihrer Zeit und darf nicht ewig dauern.
Es muß das Herz bei jedem Lebensrufe
Bereit zum Abschied sein und Neubeginne,
Um sich in Tapferkeit und ohne Trauern
In andre, neue Bindungen zu geben.
Und jedem Anfang wohnt ein Zauber inne,
Der uns beschützt und der uns hilft, zu leben.

Wir sollen heiter Raum und Raum durchschreiten,
An keinem wie an einer Heimat hängen,
Der Weltgeist will nicht fesseln uns und engen,
Er will uns Stuf' um Stufe heben, weiten.
Kaum sind wir heimisch einem Lebenskreise
Und traulich eingewohnt, so droht Erschlaffen,
Nur wer bereit zu Aufbruch ist und Reise,
Mag lähmender Gewöhnung sich entraffen.

Es wird vielleicht auch noch die Todesstunde
Uns neuen Räumen jung entgegensenden,
Des Lebens Ruf an uns wird niemals enden …
Wohlan denn, Herz, nimm Abschied und gesunde![35]

---

35 Hesse, Hermann: *Das Glasperlenspiel*. Frankfurt am Main: Suhrkamp 1972, S. 483–484.

Literatur

Hesse, Hermann: *Narziß und Goldmund. Erzählung.* Frankfurt am Main: Suhrkamp, 1975. (suhrkamp taschenbuch 274)

Hesse, Hermann: *Gesammelte Werke in zwölf Bänden.* Frankfurt am Main: Suhrkamp, 1987. (suhrkamp taschenbuch 1600). *Narziß und Goldmund* in Bd. 8, S. 5–320.

Ball, Hugo: *Hermann Hesse. Sein Leben und sein Werk.* Frankfurt am Main: S. Fischer, 1933. (suhrkamp taschenbuch 385)

Michels, Volker (Hg.): *Hermann Hesse. Sein Leben in Bildern und Texten.* Frankfurt am Main: Suhrkamp, 1979.

Weingarten, Ulrike: *Chronik zu Hermann Hesses Leben und Werk.* in: Text und Kritik. Zeitschrift für Literatur, 10/11, S. 116–122.

Baumann, Günter: *Hermann Hesses Erzählungen im Lichte der Psychologie C. G. Jungs.* Berlin: Schäuble, 1989.

Drewermann, Eugen: *Das Individuelle gegen das Normierte verteidigen. Zwei Aufsätze zu Hermann Hesse.* Frankfurt am Main: Suhrkamp, 1995. (suhrkamp taschenbuch 2458)

Field, George Wallis: *Hermann Hesse. Kommentar zu sämtlichen Werken.* Stuttgart: Akademischer Verlag Hans-Dieter Heinz, 1977. (Stuttgarter Arbeiten zur Germanistik. Nr. 24) Dieser Hesse-Kommentar bietet dem interessierten Leser einen umfassenden Einblick in die Hesse-Interpretation sowie ausführliche sprachliche und sachliche Erläuterungen.

Hsia, Adrian (Hg.): *Hermann Hesse im Spiegel der zeitgenössischen Kritik.* Bern: A. Francke AG Verlag, 1975.

Hsia, Adrian: *Hermann Hesse und China. Darstellung, Materialien und Interpretation.* Frankfurt am Main: Suhrkamp, 1974.

Käch, Rudolf: *Eichendorffs Taugenichts und Taugenichtsfiguren bei Gottfried Keller und Hermann Hesse.* Bern und Stuttgart: Paul Haupt, 1988. (Sprache und Dichtung. Band 39)

Kleßmann, Eckart: *Geheimnis ohne Duft. Narziß und Goldmund.* In: Reich-Ranicki, Marcel (Hg.): *Romane von gestern – heute gelesen.* Band II, 1918-1933. Frankfurt am Main: S. Fischer, 1996, S. 230–235.

Limberg, Michael (Hg.): *Hermann Hesse und die Psychoanalyse. Kunst als Therapie.* In: 9. Internationales Hermann-Hesse-Kolloquium in Calw, 1997. Bad Liebenzell: Bernhard Gengenbach, 1997.

Lüthi, Hans Jürg: *Hermann Hesse. Natur und Geist.* Stuttgart: W. Kohlhammer, 1970.

Ursula und Volker Michels (Hg.): *Hermann Hesse. Gesammelte Briefe.* Zweiter Band, 1922–1935. Frankfurt am Main: Suhrkamp, 1979.

Matzkowski, Bernd: *Wie interpretiere ich? Grundlagen der Analyse und Interpretation einzelner Textsorten und Gattungen mit Analyseraster.* Hollfeld: C. Bange, 1997.
Diese Ausgabe der Reihe Bange-Lernhilfen bietet dem Schüler ein grundlegendes Analyseinstrumentarium für den Deutschunterricht.

Michels, Volker (Hg.): *Über Hermann Hesse. Erster Band,* 1904–1962. Frankfurt am Main: Suhrkamp, 1976. (suhrkamp taschenbuch 331)

Michels, Volker (Hg.): *Über Hermann Hesse. Zweiter Band,* 1963–1977. Frankfurt am Main: Suhrkamp, 1977. (suhrkamp taschenbuch 332)

Neuswanger, Russell: *Names as Glassbeads in Hesse's Narziß und Goldmund.* In: Monatshefte für deutschen Unterricht, deutsche Sprache und Literatur. Madison, Wisc. 67, 1975, S. 48-58.

Nicolai, Ralf. R.: *Hesses Narziß und Goldmund. Kommentar und Deutung.* Würzburg: Königshausen & Neumann, 1997.

Pfeifer, Martin: *Hesse-Kommentar zu sämtlichen Werken.* München: Winkler, 1990. (suhrkamp taschenbuch 1740)

Schiefer, Peter: *Grundstrukturen des Erzählens bei Hermann Hesse.* Münster [Diss.], 1959.

Schneider, Christian Immo: *Das Todesproblem bei Hermann Hesse.* Marburg: N. G. Elwert, 1973. (Marburger Beiträge zur Germanistik. Band 38)

Schwarz, Egon: *Narziß und Goldmund.* In: *Hermann Hesse, Romane. Interpretationen.* Stuttgart: Philipp Reclam jun., 1994, S. 113–131.
Diese Sammlung von Hesse-Interpretationen kann für den textkundigen Leser Ergänzung und Vertiefung der Materie sein. Die Ausgabe beinhaltet detaillierte Analysen der bedeutendsten Hesse-Romane.

Ulshöfer, Robert: *Der Wandel des Menschenbilds in der Dichtung des 19. Jahrhunderts. Stilbetrachtungen auf der Oberstufe an Hand der dichterischen Menschenzeichnung.* In: *Der Deutschunterricht*, 3/1951, Heft 6, S. 4–43. (S. 39–42: *Der unbürgerliche Mensch in Hesses Narziß und Goldmund*)

Unseld, Siegfried (Hg.): *Hermann Hesse. Eine Werkgeschichte.* Frankfurt am Main: Suhrkamp, 1973. (suhrkamp taschenbuch 143)

Unseld, Siegfried (Hg.): *Hermann Hesse. Werk und Wirkungsgeschichte.* Frankfurt am Main: Suhrkamp, 1986.

Völpel, Christiane: *Hermann Hesse und die deutsche Jugendbewegung.* Eine literarische Untersuchung über die Beziehung zwischen dem Wandervogel und Hermann Hesses Frühwerk. Bonn: Bouvier, 1977. (Studien zur Literatur der Moderne. Band 4)

Internet:

www.gss.ucsb.edu/projects/hesse/–21k–
(Hermann Hesse Home Page)

www.goethe.de/os/hon/aut/ches.htm–15k–
(bietet eine Einführung in Hesses Leben und Weltbild am Beispiel von *Narziß und Goldmund*)

www.hermann-hesse.de/hhlit.htm–88k–
(Literaturverweise zu Hermann Hesse)